Prüfungswissen

Englisch

10. Klasse

Realschule

Cornelsen
SCRIPTOR

Die Autoren:
David Clarke, Walter Kowalczyk, Klaus Ottich

Quellenangaben Texte:
Prüfungsfragen **S. 97 ff.** und die dazugehörigen Lösungen: mit freundlicher Genehmigung Cornelsen Verlag, Berlin 2007

Quellenangaben Bilder:
S. 104: Schneemobil: © dpa Bilderdienst; Inuit-Kind: mauritius images/Thorsten Milse

Teile dieses Werks wurden übernommen aus: Mein Grundwissen 9./10. Klasse. Deutsch/Mathe/Englisch. Realschule. Cornelsen Scriptor, Berlin 2005

www.cornelsen.de

Bibliografische Information: Die Deutsche Bibliothek verzeichnet diese Publikation in der Deutschen Nationalbibliografie; detaillierte bibliografische Daten sind im Internet über http://dnb.ddb.de abrufbar.

Dieser Band folgt den Regeln der deutschen Rechtschreibung, die seit August 2006 gelten.

5. 4. 3. 2. 1. Die letzten Ziffern bezeichnen
12 11 10 09 08 Zahl und Jahr der Auflage.

Redaktion: lüra – Klemt & Mues GbR, Wuppertal
Herstellung: Uwe Pahnke, Berlin
Umschlaggestaltung und typografische Konzeption des Inhalts:
Magdalene Krumbeck, Wuppertal
Layout: Dagmar & Torsten Lemme, Berlin
Druck und Bindung: Westermann Druck Zwickau GmbH
Printed in Germany
ISBN 978-3-589-22623-8

Gedruckt auf säurefreiem Papier,
umweltschonend hergestellt aus chlorfrei gebleichten Faserstoffen.

Vorwort

Liebe Schülerin, lieber Schüler!
Dieser Band bietet dir, was du für die zentrale Abschlussprüfung oder Leistungsfeststellung am Ende der 10. Klasse brauchst.

Das Buch eignet sich zum Lernen, Nachschlagen und Wiederholen.
Du findest viele Merksätze, Regeln und Beispiele, die dich beim Aufarbeiten des Prüfungswissens unterstützen.

Wie kannst du mit diesem Buch arbeiten?
1 Prüfe im **Inhaltsverzeichnis**, welche Inhalte des Faches du wiederholen willst. Arbeite dann das Kapitel durch.
2 Arbeite das Kapitel **„Fit für die Prüfung“** durch. Es gibt dir wertvolle Tipps, wie du dich richtig auf die Prüfung vorbereitest.
3 Der **Test** am Ende des Buches bietet dir die Gelegenheit zur Selbstkontrolle: Was habe ich verstanden? Was muss ich wiederholen? Abschließend hast du Gelegenheit, Aufgaben zu bearbeiten, die aufgebaut sind wie Originalprüfung.
4 Das **Stichwortverzeichnis** am Ende des Buches dient dir als Wegweiser zu den Prüfungsthemen.

Und noch ein paar praktische Tipps zum Lernen mit diesem Buch:
- Nimm dir nicht zu viel auf einmal vor. Bearbeite lieber **kleinere Abschnitte**, aber dafür **regelmäßig**.
- Bist du beim Lösen der Testaufgaben nicht ganz sicher, sieh dir die **Kapitel und Beispiele** noch einmal genau an.
- Vergleiche deine Ergebnisse mit dem **Lösungsteil** im Anschluss an die Testseiten. Überprüfe bei Fehlern genau, was du falsch gemacht hast.

Viel Erfolg!
Die Prüfungswissen-Redaktion
von Cornelsen Scriptor

Inhaltsverzeichnis

Vorwort 3

Fit für die Prüfung 8

Wiederholung der Grundgrammatik

1 Die modalen Hilfsverben 22
1.1 *must/have to; must not; needn't/not have to* 22
1.2 *can/be able to* 23
1.3 *can/be allowed to* 23
1.4 Das Hilfsverb *used to* 24

2 Das *simple present*, *simple past* und *present perfect* im Vergleich 24
2.1 *Simple present* und *present perfect* 24
2.2 *Simple past* und *present perfect* 25

3 Das Futur 25
3.1 Das *will-* und *going to*-Futur 25
3.2 Das *going to*-Futur und das *present progressive* mit zukünftiger Bedeutung 27
3.3 Das *will*-Futur und das *simple present* mit zukünftiger Bedeutung 27

4 Das Passiv 28
4.1 Die Verlaufsform des Passivs 28
4.2 Das Passiv von Verben mit zwei Objekten 29

5 *If*-Sätze 30
5.1 Allgemeine Merkmale 30
5.2 Die Zeitenfolge in *if*-Sätzen 31
5.3 Gebrauch 32

6 Die indirekte Rede ... 33
6.1 Entscheidungsfragen ... 33
6.2 Anweisungen und Bitten ... 34

Weiterführende Grammatik

1 Weitere Futurzeiten ... 36
1.1 *Future progressive* ... 36
– Form ... 36
– Gebrauch ... 36
1.2 *Future perfect* ... 37
– Form ... 37
– Gebrauch ... 37

2 Verb + Infinitiv und Verb + *-ing*-Form [Gerundium] ... 38
2.1 Verb + Infinitiv und *-ing*-Form ohne Bedeutungsunterschied 38
2.2 Verb + Infinitiv oder *-ing*-Form nach bestimmten Verben ... 38
2.3 Verb + Infinitiv oder *-ing*-Form je nach Bedeutung ... 40
– *forget, remember* ... 40
– *stop* ... 40
– *try* ... 41

3 Notwendige und nicht notwendige Relativsätze ... 41

4 Das Partizip ... 42
4.1 Partizip Präsens nach *see, watch, listen to, ...* ... 42
4.2 Partizip Präsens nach *come, sit, ...* ... 43
4.3 Partizipialstruktur statt Adverbialsatz ... 43
4.4 Partizipialstruktur statt Relativsatz ... 44
4.5 Modalverb + *have* + Partizip Perfekt ... 45

Texte schreiben

1	**Privatbriefe**	46
	– Form	47
	– Sprache und Stil	47
2	**Formellere Briefe**	47
	– Form	49
	– Sprache und Stil	50
3	**Zusammenfassungen**	51
4	**Berichte**	53
5	**Argumentative Texte und Stellungnahmen**	54
6	**Referate**	56

Wortschatz

1	**Wie man grammatische Strukturen übersetzt**	57
1.1.	Nomen	57
1.2	Adverbien	58
1.3	Zeiten	59
	– Das *present perfect*	59
	– Die Verlaufsform	60
	– Das *going to*-Futur	61
1.4	Das Passiv	61
1.5	Die indirekte Rede	62
1.6	Gerundien, Infinitive, Partizipien und Relativsätze ohne Relativpronomen	63
2	**Wie man leicht verwechselbare Wörter übersetzt**	64
2.1	Falsche Freunde: eine ‚Minimalliste‘	64
2.2	Leicht verwechselbare Wörter	65

Übersichten

1	**Einige Hinweise zum Stil**	66
1.1	Informeller Stil	66
1.2	Gehobener Stil	67
2	**Wichtige Abweichungen in der Zeichensetzung**	69
2.1	Punkt	69
2.2	Ausrufezeichen	69
2.3	Komma	70
3	**Die unregelmäßigen Verben**	72
4	**Alphabetische Liste der grammatischen Begriffe**	77
5	**Übersicht der englischen Zeiten**	80

Test und Prüfungsfragen ... 84

Lösungen ... 103

Stichwortverzeichnis ... 116

Fit für die Prüfung

Dein Erfolg bei der zentralen Abschlussprüfung oder Leistungsfeststellung in Klasse 10 entscheidet mit über deinen Schulabschluss. Es lohnt sich also, sich gut auf diese Prüfung vorzubereiten. Dabei wollen wir dich unterstützen.
Wenn es dir im Laufe der Schulzeit schwergefallen ist, dich regelmäßig auf den Unterricht und die Arbeiten vorzubereiten, dann bitte nun eine Freundin oder einen Freund oder deine Eltern, dass sie dich beim Lernen unterstützen.
Du willst dich gründlich und gezielt vorbereiten? Dann brauchst du genaue Angaben darüber, worum es in der Prüfung gehen wird. Bitte deinen Lehrer oder deine Lehrerin um entsprechende Auskünfte, und frage so lange nach, bis dir alles klar ist. Informiere dich auch bei deinen Mitschülerinnen und Mitschülern.
Auf den folgenden Seiten werden wir dir als Erstes zeigen, wie du einen Plan erstellen kannst, um dich auf die Prüfung vorzubereiten. Wir geben dir Hinweise, wie du deinen „inneren Schweinehund" überwindest, um mit der Arbeit anzufangen und am Ball zu bleiben. Danach erläutern wir, wie du dir den Lernstoff aneignen kannst. Und schließlich geht es um die schriftliche Prüfung selbst. Wie gehst du so mit Aufregung und Anspannung um, dass du in der Prüfung dein Wissen erfolgreich zeigen kannst? Abschließend geben wir dir Tipps, wie du gut durch eine mündliche Prüfung kommst.

Wichtig: einen Arbeitsplan machen und die Vorbereitungszeit gut einteilen

Erkundige dich in der Schule bei deinen Lehrern, auf welche Themen du dich vorbereiten musst, und schreibe diese Themen auf eine Liste.
Erstelle jetzt einen Zeitplan, der mit dem heutigen Tag beginnt und mit der Abschlussprüfung endet. Trage für jeden Tag genau ein, wann du welchen Lernstoff erarbeiten willst. Wenn du dein Pensum an dem jeweiligen Tag erledigt hast, kannst du mit einem kräftigen Strich in Leuchtfarbe einen Haken machen und so sehen: „Das habe ich schon geschafft!"

Nimm dir am besten eine feste Zeit zum regelmäßigen Lernen. Ein gleich bleibender Arbeitsbeginn hilft dir, mit dem Lernen anzufangen. Dies gilt auch für den festen Arbeitsplatz. Falls du die vorgesehene Lernzeit an einem Tag nicht einhalten kannst, bestimme für diesen Tag eine neue, aber wiederum verbindliche Lernzeit. Die Zeit ist dein Signal, mit dem Lernen zu beginnen. Halte sie ein, verspäte dich nicht. Achte darauf, den Lernstoff getrennt zu verteilen – an jedem Tag ein anderes Fach oder andere Inhalte. Wenn du Ähnliches zugleich lernst, kommt dein Gehirn durcheinander.
Hier ein Beispiel für die ersten drei Tage, mit denen deine Vorbereitung beginnen könnte.

Datum	Zeit	Fach	Inhalt	Erledigt
Montag, 02.04.2007	18.30 – 20.00 Uhr	Englisch	Die ersten 20 unregelmäßigen Verben lernen; Kapitel 3 im Englisch-Buch durcharbeiten.	
Dienstag, 03.04.2007	15.30 – 17.00 Uhr	Mathematik	Die Seiten 3 bis 7 im Mathematik-Buch durcharbeiten.	
Mittwoch, 04.04.2007	18.00 – 19.30 Uhr	Deutsch	„Wortarten" und „Satzglieder" wiederholen; im Deutsch-Buch die Abschnitte 1 und 2 durcharbeiten.	

Wenn du Mühe damit hast, einen solchen Plan aufzustellen, setze dich mit Freunden oder mit deinen Eltern zusammen und lass dir dabei helfen.

So fällt es leichter, überhaupt loszulegen …

Setze dich vor allem anderen erst einmal an den Schreibtisch.

Der Gedankenmüll-Korb

Wenn dir dann Gedanken durch den Kopf gehen wie „Ich muss noch Blumen gießen", „Eigentlich müsste ich erst mal mit dem Hund nach draußen", „Mathe kann ich eh nicht" usw., dann schreibe die Gedanken einen nach dem anderen auf kleine Zettel und wirf sie in einen „Gedankenmüll-

Korb“. Am nächsten Tag kannst du ihn zusammen mit Freunden, Eltern und Geschwistern plündern und mal schauen, was dein innerer „Schweinehund“ dir alles an Ausweichideen eingeflüstert hat.

Der Gedanken-Stopp

Sobald ein Gedanke auftaucht, der dich von der Arbeit ablenkt, sagst du zu dir selbst: „Stopp!“ Damit beendest du die abschweifenden Gedanken. Atme anschließend einmal tief durch und richte beim Ausatmen die Aufmerksamkeit wieder auf deine Arbeit.

So arbeitest du effektiv

Zur Vorbereitung auf deine Prüfung musst du alten Lernstoff wiederholen und auffrischen, dir aber auch neues Wissen aneignen. Da du nicht alles auswendig lernen kannst, musst du den Stoff so aufbereiten, dass du die wichtigen Stellen (die wichtigen Inhalte) im Kopf hast und mit eigenen Worten wiedergeben kannst. Benutze dafür die Methode „Nussschale“. Sie hilft dir, den Kern des Textes – die Nuss in der Schale – zu erkennen. Der folgende Beispieltext verdeutlicht die Einzelheiten dieses Verfahrens.

1. Schritt: den Text (nur) überfliegen.

Verschaffe dir zunächst einen Überblick über den Text. Lies ihn zügig durch. Hierbei stellst du fest, was dir bekannt ist und worum es insgesamt geht. Beachte die Überschrift.

Prüfungsvorbereitung per Internet

Stundenlang brüten nachmittags Schülerinnen und Schüler über den Aufgaben, die der Vorbereitung oder der Nachbereitung des Lernstoffs dienen. Ist denn kein Kraut gewachsen gegen diese von Mädchen wie von Jungen gleichermaßen abgelehnte Plackerei? Rettung verspricht ein Medium, das ohnehin in der Gunst der Jugendlichen ganz vorn rangiert. Der PC – genauer gesagt der Drucker – spuckt nach der Prüfungsvorbereitungssuche im Netz und einigen Klicks auf das betreffende Fach sowie das verordnete Thema einen fix und fertig vorliegenden Text aus.

So weit, so gut. Nur gerät der Schüler dann in Schwierigkeiten.
Der Lehrer braucht nämlich die Zeilen nur flüchtig durchzusehen und zwei oder drei Rückfragen zu stellen – schon fliegt der Schwindel auf. So drückt sich dieser Schüler doch sonst nicht aus. So viele Fehler in der Rechtschreibung und Zeichensetzung und eine derart unpassende Ausdrucksweise sind für ihn eher untypisch („Die Rhetorik erschien, nach der Mitte des fünften Jahrhunderts, in Sizilien.“).
Der Lehrer wird das Beste daraus machen: die Vorzüge der Informationsbeschaffung aus dem Internet mit den Schülern besprechen – und vor den bekannten Stolpersteinen warnen. Zum ersten Aspekt kann er anführen:
Nutzung einer modernen, beliebten Quelle mit enorm großem Potenzial; Zeit- und Arbeitsersparnis bei der Recherche; Aktualität und Anschaulichkeit der Informationen; interaktives Medium. Als relevante Punkte einer kritischen Sicht könnte er zu bedenken geben: Die Texte stammen von Schülerinnen und Schülern. Deren Hilfsmittel bleiben oft unerwähnt. Für die Richtigkeit des Inhalts steht niemand gerade. Selbst wenn die Arbeit mit „Gut“ bewertet wurde, garantiert dies noch nicht ihren eigenständigen Charakter. Der Lerneffekt des Schülers, der eine solche Arbeit einfach übernimmt, tendiert gegen null: keine eigene Leistung, keine eigenen Gedanken.
Und schließlich: Die meisten Arbeiten sind inzwischen kostenpflichtig. Die „Fundgrube Internet“ sollte also immer dann genutzt werden, wenn z. B. bei Google ein Bild zu finden ist oder Fachbegriffe sowie Fremdwörter z. B. über Wikipedia kompetent geklärt werden können. Zusätzlich sollten aber bei schriftlichen Ausarbeitungen die Angebote der bekannten Verlage (z. B. als CD-ROM) genutzt bzw. Angebote im Internet wahrgenommen werden, bei denen ausgewiesene Experten (Pädagogen, Wissenschaftler) per E-Mail und gegen eine Gebühr Nachhilfe anbieten.

2. Schritt: den Text lesen und bearbeiten.

Nun geht es darum, den Text gründlich zu lesen.

- Was steht dort Abschnitt für Abschnitt inhaltlich? Notiere am Rand jeweils eine knappe Überschrift.
- Was ist (besonders) wichtig? Unterstreiche diese Stelle.
- Wo beginnt ein neuer Gedanke? Zieh dort einen senkrechten Strich.
- Was hast du zunächst nicht verstanden? Markiere diese Stellen durch eine Schlangenlinie (~~~) und schreibe die Erläuterungen an den Rand.

Was du nicht verstanden hast, schlägst du im Lexikon nach. Du kannst auch im Internet recherchieren oder deine Freunde, Geschwister bzw. Eltern fragen.

So sieht der zweite Schritt am Beispiel-Text „Prüfungsvorbereitung per Internet“ aus:

Prüfungsvorbereitung per Internet

Stundenlang brüten nachmittags Schülerinnen und Schüler über den Aufgaben, die der Vorbereitung oder der Nachbereitung des Lernstoffs dienen. Ist denn kein Kraut gewachsen gegen diese von Mädchen wie von Jungen gleichermaßen abgelehnte Plackerei? | Rettung verspricht ein Medium, das ohnehin in der Gunst der Jugendlichen ganz vorn rangiert. Der PC – genauer gesagt der Drucker – spuckt nach der Prüfungsvorbereitungssuche im Netz und einigen Klicks auf das betreffende Fach sowie das verordnete Thema einen fix und fertig vorliegenden Text aus. |So weit, so gut. Nur gerät der Schüler dann in Schwierigkeiten. Der Lehrer braucht nämlich die Zeilen nur flüchtig durchzusehen und zwei oder drei Rückfragen zu stellen – schon fliegt der Schwindel auf.

So drückt sich dieser Schüler doch sonst nicht aus. So viele Fehler in der Rechtschreibung und Zeichensetzung und eine derart unpassende Ausdrucksweise sind für ihn eher untypisch („Die Rhetorik erschien, nach der Mitte des fünften Jahrhunderts, in Sizilien.“). | Der Lehrer wird das Beste daraus machen: die Vorzüge

Z. 2–6: Hausaufgaben als mühselige Nachmittagsbeschäftigung

= Mühsal; Z. 6–12: Hilfe verspricht das Internet

Z. 13–21: Mogelt der Schüler, merkt das der Lehrer. [Fremdwort, „Redekunst“]

Z. 22–39: Der Lehrer nennt Pro & Kontra.

a) HA per Internet, 4 Vorzüge:
- beliebte, informationsreiche Quelle
- Zeit- und Arbeitsersparnis (Materialsuche)
- aktuelle, anschauliche Informationen

der Informationsbeschaffung aus dem Internet mit den Schülern besprechen – und vor den bekannten Stolpersteinen warnen. Zum ersten Aspekt kann er anführen: Nutzung einer modernen, beliebten Quelle mit enorm großem Potenzial; Zeit- und Arbeitsersparnis bei der Recherche; Aktualität und Anschaulichkeit der Informationen; interaktives Medium.
Als relevante Punkte einer kritischen Sicht könnte er zu bedenken geben: Die Texte stammen von Schülerinnen und Schülern. Deren Hilfsmittel bleiben oft unerwähnt. Für die Richtigkeit des Inhalts steht niemand gerade. Selbst wenn die Arbeit mit „Gut“ bewertet wurde, garantiert dies noch nicht ihren eigenständigen Charakter. Der Lerneffekt des Schülers, der eine solche Arbeit einfach übernimmt, tendiert gegen null: keine eigene Leistung, keine eigenen Gedanken. Und schließlich: Die meisten Arbeiten sind inzwischen kostenpflichtig. |
Die „Fundgrube Internet“ sollte also immer dann genutzt werden, wenn z. B. bei Google ein Bild zu finden ist oder Fachbegriffe sowie Fremdwörter z. B. über Wikipedia kompetent geklärt werden können. | Zusätzlich sollten aber bei schriftlichen Ausarbeitungen die Angebote der bekannten Verlage (z. B. als CD-ROM) genutzt bzw. Angebote im Internet wahrgenommen werden, bei denen ausgewiesene Experten (Pädagogen, Wissenschaftler) per E-Mail und gegen eine Gebühr Nachhilfe anbieten.

- „interaktiv“: Austausch mit anderen möglich, z. B. per E-Mail oder Chat

b) HA per Internet, 7 Stolpersteine:
- von Schülerinnen und Schülern erstellt
- Hilfsmittel häufig nicht angegeben
- Richtigkeit nicht gewährleistet
- möglicherweise abgeschrieben
- kein Lernfortschritt für den Schüler
- kein eigenes Nachdenken, keine eigenständigen Formulierungen
- die meisten Beiträge sind kostenpflichtig

Also: „Vorsicht Fundgrube“! Keine fertigen Arbeiten aus dem Netz kopieren!

Z. 40–43: Das Internet sinnvoll einbeziehen

Z. 43–49: Zusammenfassender Vorschlag

Also: das Internet sinnvoll nutzen, z. B. Google (Bilder) oder Wikipedia (Fach- und Fremdwörter); zusätzlich aber heranziehen: Lernmittel aus bekannten Verlagen (z. B. CD-ROM) und Betreuung durch Experten im Internet (gegen Gebühr, Austausch per E-Mail)

Erläuterungen:
Z. 27: Möglichkeiten, Fähigkeiten;
Z. 30: bedeutsame, gewichtige;
Z. 33: ist niemand verantwortlich;
Z. 37: ist gleich null

3. Schritt: die Ergebnisse zu den einzelnen Textabschnitten anschaulich zusammenstellen.

Schreibe die wichtigen Textstellen, die du durch Unterstreichung und stichwortartige Randnotizen festgelegt hast, noch einmal auf einen separaten Zettel. Du kannst auch eine Mindmap (Gedächtnislandkarte) erstellen. Nämlich so: Wähle einen schlichten Papierbogen DIN A4, ohne Linien, ohne Karos.
Schreibe das Thema des Textes in die Mitte eines DIN-A4-Blattes und

kreise es ein. Notiere dann alle wichtigen Begriffe auf Ästen und die dazugehörigen Einzelheiten auf Zweigen. Verbinde Zusammengehöriges miteinander. Füge an wichtigen Stellen noch ein kleines Bild oder ein Symbol hinzu, weil sich Bilder gut einprägen. Benutze eventuell auch verschiedene Farben. Hier ein Beispiel für eine Mindmap zum Text „Prüfungsvorbereitung per Internet".

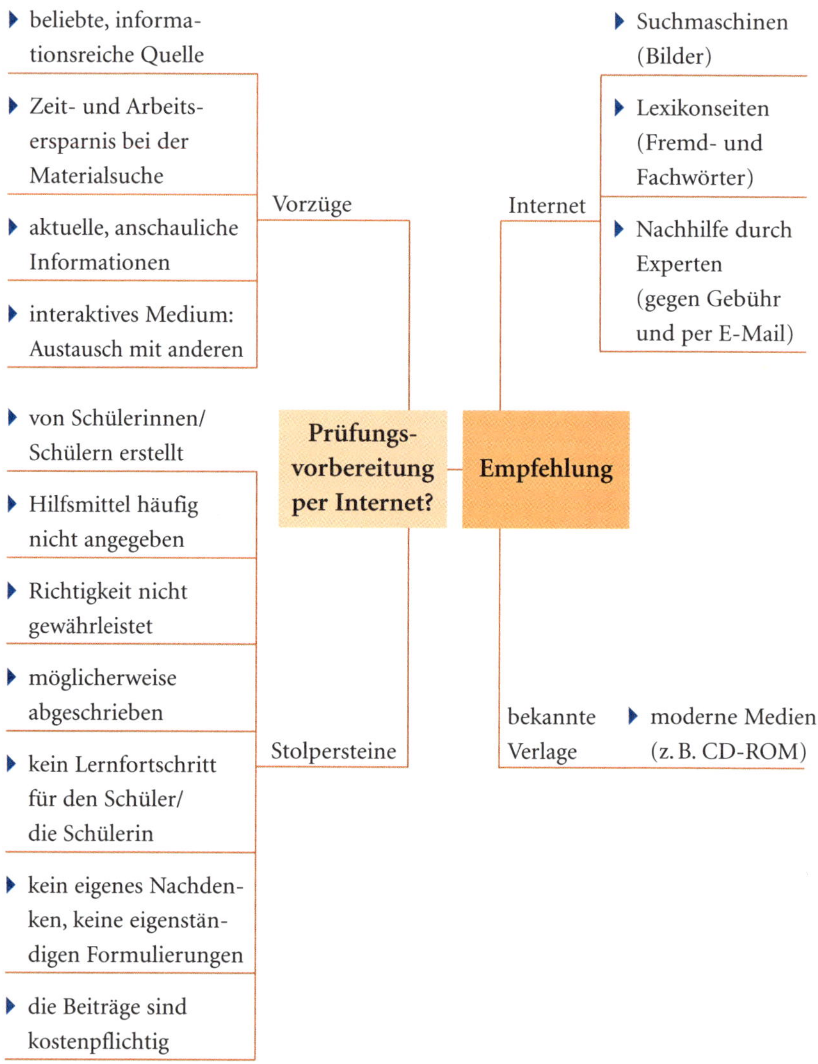

4. Schritt: in eigenen Worten vortragen.
Trage nun als Zusammenfassung den bearbeiteten Lernstoff laut und in eigenen Worten vor. Benutze dafür die Mindmap, oder stelle ein Lernposter her, oder fertige eine Skizze an. Wichtig ist, dass du jetzt bei der Wiederholung alles in eigenen Worten formulierst. Du kannst dir diesen Lernstoff selbst aufsagen oder deinen Mitschülern, aber auch deinen Eltern vortragen. Falls du etwas unklar ausgedrückt hast, werden sie nachfragen und dir so zeigen, was du noch einmal überarbeiten musst.
Ein Lernposter zum Thema „Prüfungsvorbereitung per Internet" könnte so aussehen:

Lernposter: Prüfungsvorbereitung per Internet

„Die Prüfungsvorbereitung macht mein Drucker!"
Wenn dich die „Erledigung per Mausklick" lockt, musst du Vorzüge und Nachteile des Mediums Internet abwägen.

- beliebte, informationsreiche Quelle
- Zeit- und Arbeitsersparnis bei der Materialsuche
- aktuelle, anschauliche Informationen
- interaktives Medium: Austausch mit anderen

Vorteile

- von Schülerinnen/ Schülern erstellt
- Hilfsmittel häufig nicht angegeben
- Richtigkeit nicht gewährleistet
- möglicherweise abgeschrieben
- kein Lernfortschritt für den Schüler/die Schülerin
- kein eigenes Nachdenken, kein eigenständiges Formulieren
- die Beiträge sind kostenpflichtig

Nachteile

Die Nachteile überwiegen.

TIPP: Du solltest die **Vorzüge nutzen** und **den Stolpersteinen aus dem Weg gehen,** und zwar so:
- über Suchmaschinen Bilder heranziehen, die deinen Beitrag anschaulich machen,
- mithilfe von Lexikonseiten Fremdwörter und Fachbegriffe klären,
- für verlässliche Informationen (mit Quellenangabe!) die Angebote der bekannten Verlage wahrnehmen (z. B. eine CD-ROM erwerben).

Ergänzende Hinweise:

- Lernpsychologisch gesehen ist es geschickt, verschiedene Medien zu nutzen: das Internet, (Fach-)Bücher, Lehrmittel aus bekannten Verlagen (z. B. eine CD-ROM), Lexika. Diese Vielfalt garantiert eine Fülle von Aspekten und sorgt für Anschaulichkeit (Einprägsamkeit) des Lernstoffs.
- Der fachmännische, kritische Umgang mit neuen Medien gehört zu den Schlüsselqualifikationen im späteren Berufsleben.

Ungewöhnlich, einfach, erfolgreich: Lernen im Vorbeigehen (Locitechnik)

Dein Gedächtnis auf Pinnwand oder Lernplakat

Es gibt Informationen, die wollen einfach nicht in den Kopf. Nimm diese harten Nüsse, schreibe sie jeweils auf eine Karteikarte und hefte die Karten (maximal sieben) an die Pinnwand. Alternativ kannst du damit ein Lernplakat gestalten. Jedes Mal, wenn du daran vorbeigehst, wirfst du einen Blick auf deine Notitzen. Es reicht, wenn dir dabei nur eine Information ins Auge fällt. Nach einigen Tagen wirst du trotzdem wissen, was da alles an der Wand hängt. So lernst du im Vorbeigehen. Die Pinnwand oder das Lernplakat ist für einige Zeit dein Außen-Gedächtnis.

Mathematik

1. binomische Formel:
   $(a + b)(a + b) = a^2 + 2ab + b^2$
2. binomische Formel:
   $(a - b)(a - b) = a^2 - 2ab + b^2$
3. binomische Formel:
   $(a + b)(a - b) = a^2 - b^2$

Englisch

if-Sätze Typ III (irreal):
If I had not spent all my money on the first day, I would have had some later.

Deutsch

„Substantiv" = eine Wortart
(das Blatt, der Geist)
„Subjekt" = ein Satzglied
(Wer oder was? Satzgegenstand; immer im Nominativ)

Englisch

1. Sg. I don't go there.
2. Sg. You don't go there.
3. Sg. He/She/It doesn't go there.
1. Pl. We don't go there.
2. Pl. You don't go there.
3. Pl. They don't go there.

Deutsch/Musik
* 1729 Lessing
* 1732 Haydn
* 1749 Goethe
* 1756 Mozart
* 1759 Schiller
* 1770 Hölderlin, Beethoven
* 1797 Heine, Schubert

Mathematik
Kommutativgesetz:
$a + b = b + a$
Punkt- vor Strichrechnung:
$a \cdot b + c = (ab) + c = ab + c$
Distributivgesetz:
$a(b + c) = ab + ac$

Haftzettel und Locitechnik

Du kannst die Zettelarbeit mit der Locitechnik verbinden.

1. Schritt: Schreibe neue Vokabeln mit der Übersetzung auf jeweils einen Haftzettel. Reiße die Zettel aber noch nicht vom Block.
2. Schritt: In der Wohnung gibt es Wege, die du mehrmals am Tag gehst, zum Beispiel von der Wohnungstür in das eigene Zimmer. Hefte an markante Punkte dieses Weges je einen Haftzettel in Augenhöhe. Jedes Mal, wenn du den Weg gehst, bleibt dein Auge an einigen dieser Zettel hängen. Du wirst im Vorbeigehen lernen.
3. Schritt: Du findest deinen Weg jetzt auch in Gedanken und kannst dich an die einzelnen Punkte erinnern. Wort und Ort fließen zu einem Gedächtnisbild zusammen. Dieses taucht dann zum Beispiel während der schriftlichen Prüfung vor deinem geistigen Auge wieder auf.

Bekannt und bewährt: Die Lernkartei

Eine Lernkartei hilft dir verlässlich weiter: Durch Unterteilen des Stoffes in kleine Portionen und mehrfaches Wiederholen prägen sich die Informationen gut ein. Besorge dir im Buchhandel eine Lernkartei und passende Kärtchen.

Die Lernkartei hilft dir z. B. beim Vokabel- oder Formellernen. Die zu lernenden Wörter (oder Formeln) werden auf ein Kärtchen geschrieben. Die Begriffe selbst stehen auf der Vorderseite (z. B. *to talk*), die Übersetzung (oder Erklärung) schreibst du auf die Rückseite (z. B. *reden, sprechen, plaudern*). Hier ein weiteres Beispiel:

Vorderseite	*Rückseite*
to become	= werden It's becoming a problem. (Es wird langsam zum Problem.) He wants to become a footballer. (Er will Fußballspieler werden.)

Gelernt wird dann nach dem folgenden Verfahren:

- Lerne immer fünf Vokabeln (Formeln, Daten etc.) auf einmal.
- Lies das Wort, die Formeln oder die Wendung.
- Schreibe die Übersetzung (oder die Erklärung etc.) auf ein Blatt.
- Drehe die Karteikarte um und überprüfe deine Lösung.
- Lege bei richtiger Antwort die Karte nach rechts (Stapel „gekonnte").
- Lege bei falscher Antwort das Kärtchen nach links (Stapel „nicht gekonnte"), und bearbeite es im nächsten Durchgang erneut.
- Wiederhole nun die nicht gekonnten Karten so lange, bis alle auf dem rechten Stapel liegen.

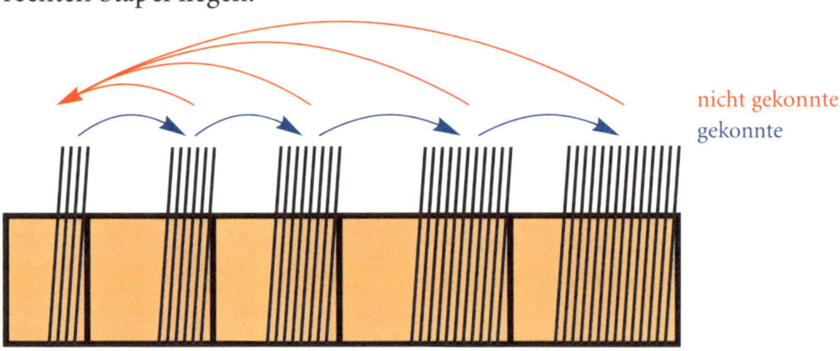

Dieses Lernverfahren eignet sich für unterschiedliche Stoffgebiete. Vorn steht immer das Stichwort (die Frage), hinten folgt die Erläuterung (Antwort).

Falls du dir den Lernstoff besser einprägen kannst, wenn du die Informationen auch hörst, solltest du zum Aufnahmegerät (PC, MP3-Player, Kassettenrekorder o. Ä.) greifen, Fragen und Antworten aufsprechen und diese dann wiederholt anhören. Wendest du parallel beide Methoden an (Lernkartei, Aufnahmegerät), erhöhst du den Lerneffekt.

Die Aufregung in den Griff bekommen: Von Sportlern lernen

Herzklopfen, Magendrücken, Nervosität: All das sind Anzeichen für Anspannungsstress und Aufregung, die oft dazu führen, dass man sich nur noch an wenig erinnert. Die Aufregung führt zu Denkblockaden. Deshalb ist es wichtig, die Nervosität in den Griff zu bekommen.
Viele Sportler haben mittlerweile gelernt, wie sie ihre Aufregung besser kontrollieren und so ihr Leistungsvermögen voll abrufen können. Von diesen Sportlern kannst du lernen. Hier zwei ihrer Methoden:

1. Entspannungsatmung

Atme normal ein, aber bewusst und sehr langsam wieder aus. Mache dies zwei- bis dreimal täglich etwa eine Minute lang. Bei Stress, zum Beispiel während einer schriftlichen Prüfung, kannst du drei- bis fünfmal auf diese Weise durchatmen.

2. Kraft tanken

Nimm eine bequeme Körperhaltung ein, schließe die Augen, atme tief und ruhig ein und spüre die eintretende Entspannung.
Balle eine Hand leicht zur Faust. Gehe in Gedanken an einen Ort, wo du dich sicher und geborgen fühlst, z. B. an deinen Lieblingsort oder in dein eigenes Zimmer. Nimm die Atmosphäre dieses Ortes tief in dich auf und tanke so Kraft.
Löse die Faust wieder und lockere die Hand. Lass die Szene, die du dir vorgestellt hast, wieder in den Hintergrund treten, öffne die Augen und behalte von jetzt an diesen Ort wie eine innere Festung in dir.
Trainiere dies zwei- bis dreimal etwa zwei Minuten lang.
Wann immer nun Anspannung auftritt, z. B. in einer Vorbereitungsphase

oder während einer schriftlichen Arbeit, ballst du (unter dem Tisch) die Hand zur Faust, gehst in Gedanken an diesen Ort, tankst Kraft nach und kehrst nach einem kurzen Moment wieder in die Realität zurück.

Nun einige Tipps für die schriftliche Prüfung

Verschaffe dir als Erstes einen Überblick über alle Aufgaben. Fange nicht sofort mit dem Schreiben an! In Mathematik-Arbeiten zum Beispiel sind die Aufgaben zwar meistens schon nach dem Schwierigkeitsgrad sortiert, aber vielleicht liegt dir eine bestimmte Aufgabe besonders gut. Dann macht es Sinn, diese zuerst zu lösen. Es ist besser, möglichst viel in einer selbst gewählten Reihenfolge zu schaffen, als sich unbedingt an die Vorgabe zu halten und sich dann an einem Punkt festzubeißen.
Erledige also zuerst das, was du besonders gut kannst. Dann ist es erstens schon geschafft, und zweitens ermutigt es dich, wenn du auf das schauen kannst, was du schon ordentlich erledigt hast.
Behalte die Uhr im Auge, damit du nicht an einer Aufgabe zu lange arbeitest. Lass dich nicht nervös machen, wenn Klassenkameraden früher abgeben. Du weißt ja nicht, ob sie auch alle Aufgaben gelöst oder aber das Handtuch geworfen haben.
Erledige lieber zum Beispiel acht von zehn Aufgaben vollständig und lasse zwei beiseite, als alle zehn Aufgaben anzufangen und nur vier davon ordentlich abzuschließen.

So meisterst du die mündliche Prüfung

Falls du auch mündlich geprüft wirst, erhältst du eine Vorbereitungszeit (meist 10 Minuten). Während der Vorbereitungszeit kannst du Aufzeichnungen (Notizen) anfertigen.
Die Prüfung dauert 15 Minuten und stellt ein Gespräch dar, das du mit der Fachlehrerin oder dem Fachlehrer führst. Deine Ergebnisse musst du selbstständig vortragen.
Die Vorbereitungszeit ist mit 10 Minuten sehr knapp bemessen. Also solltest du schon beim Lesen des vorgelegten Textes einen Stift zur Hand haben, wichtige Stellen unterstreichen und Randnotizen machen. Betrachte noch einmal das „Prüfungsvorbereitungs"-Beispiel im Abschnitt „So arbeitest du effektiv", 1. Schritt und 2. Schritt. Während der Vorbereitung kannst du also Aufzeichnungen (Notizen) anfertigen. Hier bietet sich eine Auswertung des Textes in der Form einer Mindmap an (vgl. den eben

zitierten Abschnitt, 3. Schritt). Du hast dann auf einen Blick das Gesamtergebnis vor Augen: „Holt man sich Komplettlösungen der Prüfungsvorbereitung aus dem Internet, sind zwar vier attraktive Seiten dieses Mediums im Spiel, man bekommt es aber andererseits auch mit sieben Stolpersteinen zu tun. Die Empfehlung des Autors zeigt einen Ausweg aus diesem Dilemma." Und außerdem lassen sich der Grafik rasch und gezielt (!) die wichtigen Unterpunkte entnehmen: „Als Vorzüge sind vier Aspekte zu nennen: ..." – „Diesen positiven Zügen stehen aber sieben (!) ‚Stolpersteine' entgegen: ..." – „Die Empfehlung des Autors strebt einen Ausgleich an: ..."

Eine solche Mindmap ist auch ein geeignetes Hilfsmittel, im Prüfungsgespräch deine Überlegungen (Ergebnisse) selbstständig vorzutragen.

Zur Abrundung einige Tipps und Hinweise für die mündliche Prüfung

- Sprich in einer mündlichen Prüfungssituation selbst viel; formuliere dabei in ganzen Sätzen und in eigenen Worten. Je aktiver du selbst bist, desto schneller vergeht die Zeit.
- Halte Blickkontakt mit der Lehrerin/dem Lehrer.
- Höre gut zu, wenn sie oder er etwas fragt.
- Frage deinerseits nach, wenn etwas unklar ist.
- Grübele nicht schon über eine Antwort nach, während der Lehrer noch spricht.
- Solltest du mit einer Frage nicht zurechtkommen, bitte die Prüferin/den Prüfer, diesen Punkt noch einmal neu zu formulieren.
- Atme bewusst zwei- oder dreimal gleichmäßig und tief ein und langsam wieder aus. So dämpfst du Aufregung und Anspannung.
- Besprecht innerhalb der Klasse vorher mit euren Lehrern, wie ihr mit Schwierigkeiten in einer mündlichen Prüfung umgehen solltet.
- Vielleicht könnt ihr im Klassenraum einmal eine Prüfungssituation durchspielen.

Wir wünschen dir viel Erfolg in der Prüfung!

Walter Kowalczyk und Klaus Ottich

Wiederholung der Grundgrammatik *(Revision of grammar basics)*

1 Die modalen Hilfsverben *(The modal auxiliaries)*

1.1 *must/have to; must not; needn't/not have to*

Beispiele:

1 Of course you **have to stop** at STOP signs.
Natürlich muss man an einem Stoppschild anhalten.

2 You **must try** harder.
Du musst dich mehr anstrengen.

3 I **had to go** to the dentist's **yesterday.**
Gestern musste ich zum Zahnarzt.

4 You **needn't/don't have to stop** at GIVE WAY signs.
An Vorfahrtschildern muss man nicht anhalten.

5 You **mustn't eat** this meat. It's bad.
Du darfst dieses Fleisch nicht essen. Es ist schlecht.

■ Im Allgemeinen benutzen wir *have to* [1]. Wollen wir eine Notwendigkeit bzw. Verpflichtung besonders betonen, benutzen wir *must* [2].

▶ BEACHTE In der Vergangenheit wird *must* zu *had to* [3].

■ Wollen wir ausdrücken, dass keine Verpflichtung besteht, dann benutzen wir *need not (needn't)/do not have to* [4].

■ Für Verbote bzw. Anweisungen benutzen wir *must not* [5].

1.2 *can/be able to*

Beispiele:

1 Josey **can ski** very well.
Josey kann sehr gut Ski fahren.

2 Luckily the car **could/was able to stop** in time.
Zum Glück konnte das Auto rechtzeitig anhalten.

3 Lee **won't be able to play** in the match. He has broken his foot.
Lee kann in dem Match nicht spielen. Er hat seinen Fuß gebrochen.

■ Wie im Deutschen drückt *can* eine Fähigkeit aus [1].

■ Drückt *can* eine Fähigkeit aus, ist die Vergangenheit *could* oder *was/were able to* [2].

■ Das Futur wird mit *will be able to* gebildet [3].

1.3 *can/be allowed to*

Beispiele:

1 You **can use** a dictionary during the test.
Sie können während des Tests ein Wörterbuch benutzen.

2 We **were allowed to use** a pocket calculator.
Wir durften einen Taschenrechner benutzen.

3 I hope we **will be allowed to use** a dictionary.
Ich hoffe, dass wir ein Wörterbuch benutzen dürfen.

■ Wie im Deutschen können wir *can* auch benutzen, um eine Erlaubnis auszudrücken [1].

■ In dieser Bedeutung wird die Vergangenheit von *can* mit *was/were allowed to* gebildet [2].

■ Das Futur wird mit *will be allowed to* gebildet [3].

1.4 Das Hilfsverb *used to (The auxiliary used to)*

Beispiele:

1 We **used to do** a lot of skiing.
Früher sind wir viel Ski gelaufen.

2 This disco **used to be** a church.
Damals war diese Disco eine Kirche.

■ Das Hilfsverb ***used to*** drückt die **entfernte Vergangenheit** aus. Es hat dieselbe Form in allen Personen.

> **TIPP** Wir benutzen ***used to*** vor allem dann, wenn wir sagen wollen, dass die Handlung bzw. Situation sich nie wiederholen wird:
> *His grandad used to play basketball for the Boston Tigers.*
> Sein Opa spielte früher Basketball bei den Boston Tigers.

2 Das *simple present, simple past* und *present perfect* im Vergleich *(The simple present, simple past and present perfect compared)*

2.1 *Simple present* und *present perfect*

Beispiele:

1 Josey **lives** in Atlanta, Georgia.
Josey wohnt in Atlanta, Georgia.

2 She **has lived** there **for three years.**
Sie wohnt dort seit drei Jahren.

3 I **have been waiting** for the bus **since 8.**
Ich warte schon seit 8 Uhr auf den Bus.

■ Wenn wir sagen möchten, was **immer ist** oder **normalerweise passiert**, benutzen wir das ***simple present*** [1].

■ Bei Sätzen mit *for/since* benutzen wir im Englischen das *present perfect* (Zustände) [2] bzw. das *present perfect progressive* (Tätigkeiten) [3]. Im Deutschen dagegen benutzen wir das Präsens.

2.2 *Simple past* und *present perfect*

Beispiele:

1 We **went** to the cinema **yesterday.**
Gestern gingen wir ins Kino.

2 Mum **lived** in New York **when she was a child.**
Mama wohnte in New York, als sie ein Kind war.

3 I **have been** to the USA twice **so far.**
Bis jetzt bin ich zweimal in den USA gewesen.

4 Mum **has lived** in Atlanta **since she married.**
Seit sie heiratete, wohnt Mama in Atlanta.

■ Liegt ein Ereignis [1] bzw. eine Situation [2] **völlig in der Vergangenheit**, benutzen wir das *simple past*.

■ Wenn eine Handlung [3] bzw. eine Situation [4] in der Vergangenheit anfing, aber noch andauert, benutzen wird das *present perfect*.

3 Das Futur *(The future)*

3.1 Das *will-* und *going to*-Futur *(The will- and going to-future)*

Beispiele:

1 The weather forecast says it **will be** hot tomorrow.
Die Wettervorhersage sagt, dass es morgen heiß wird.

2 I **hope** we'**ll see** you at the party.
Ich hoffe, dass wir dich bei der Fete sehen werden.

3 I've missed the bus. Now I'**ll have to walk** home.
Ich habe meinen Bus verpasst. Jetzt werde ich nach Hause laufen müssen.

4 **Perhaps** Lee **will lend** you his bike.
Vielleicht wird Lee dir sein Rad ausleihen.

5 The Parkers **are going to get** a dog.
Die Parkers haben vor, sich einen Hund anzuschaffen.

6 Look at the sky. It's **going to rain** any minute.
Schau dir den Himmel an! Es wird gleich regnen.

■ Wir benutzen das *will*-Futur für Vorhersagen von zukünftigen Ereignissen [1] und für Hoffnungen auf bzw. Vermutungen über zukünftige Geschehen [2], wenn wir über Dinge sprechen, auf die wir keinen direkten Einfluss haben.

■ Wir gebrauchen das *will*-Futur auch, wenn wir uns im Augenblick des Sprechens zu irgendetwas entschließen [3].

■ Oft verwenden wir das *will*-Futur mit Adverbien wie *maybe, perhaps* [4], *probably* und *possibly* und Verben wie *believe, forecast* (voraussagen), *hope* [2], *imagine* (sich vorstellen), *suppose* und *think*, die Vermutungen über die Zukunft ausdrücken.

■ In erster Linie verwenden wir das *going to*-Futur, um Pläne und Absichten auszudrücken [5].

TIPP Wenn du im Deutschen die Verben ‚planen' bzw. ‚vorhaben' benutzt, kannst du das ***going to*-Futur** verwenden.

■ Das *going to*-Futur wird auch verwendet, um zu verdeutlichen, dass irgendetwas offensichtlich gleich passiert [6].

3.2 Das *going to*-Futur und das *present progressive* mit zukünftiger Bedeutung *(The going to-future and the present progressive with future meaning)*

Beispiele:

1 We'**re going to spend** our holiday in Poland.
Wir haben vor, unseren Urlaub in Polen zu verbringen.

2 Josey **isn't going to buy** a mobile phone. She'**s going to save** her money.
Josey kauft kein Handy. Sie will ihr Geld sparen.

3 We **are doing** a test **tomorrow.**
Morgen schreiben wir einen Test.

4 Josey and Lee **are visiting** their grandparents **at the weekend.**
Am Wochenende besuchen Josey und Lee ihre Großeltern.

■ Sprechen wir über zukünftige Pläne oder Absichten ohne Zeitangabe, benutzen wir das *going to*-Futur [1] [2].

■ Sprechen wir über zukünftige Pläne, Verabredungen und Vorkehrungen mit Zeitangabe, benutzen wir lieber das *present progressive* [3] [4].

3.3 Das *will*-Futur und das *simple present* mit zukünftiger Bedeutung *(The will-future and the simple present with future meaning)*

Beispiele:

1 We'**ll meet** at the station at 10.
Wir treffen uns um 10 Uhr am Bahnhof.

2 Our train **goes** at 10:15.
Unser Zug fährt um 10 Uhr 15.

3 Lessons **start** 15 minutes later on Mondays.
Montags beginnt der Unterricht 15 Minuten später.

■ Handelt es sich um ein nicht fest abgemachtes zukünftiges Geschehen, benutzen wir das *will*-Futur [1].

■ Genau wie im Deutschen verwenden wir auch im Englischen das *simple present* mit einer geeigneten Zeitangabe, um fest abgemachte Vorgänge – Fahrpläne [2], Stundenpläne [3], Kinoprogramme usw. – anzugeben.

4 Das Passiv *(The passive)*

4.1 Die Verlaufsform des Passivs *(The passive progressive)*

Beispiele:

1 Your room **is being cleaned** at the moment.
Ihr Zimmer wird momentan gereinigt.

2 This bridge **has been being repaired** for over a year now.
Diese Brücke wird seit über einem Jahr repariert.

3 Our hotel **was still being built** when we arrived.
Unser Hotel war noch im Bau, als wir ankamen.

■ Wir bilden die Verlaufsform des Passivs mit der entsprechenden *simple*-Form von *be* + *being* + Partizip Perfekt (3. Form) des Vollverbs [1]–[3]:

A petrol-pump attendant ***is filling up*** *our car.* Ein Tankwart tankt gerade unser Auto auf.	Aktiv
Our car ***is being filled up.*** Unser Auto wird gerade aufgetankt.	Passiv

■ Die Verlaufsform des Passivs wird genauso verwendet wie die des Aktivs.

4.2 Das Passiv von Verben mit zwei Objekten *(The passive of verbs with two objects)*

Beispiele:

1 **Somebody** gave me **an umbrella.**
Jemand gab mir einen Regenschirm.

2 I was given **an umbrella.**
Man gab mir einen Regenschirm.

■ In Satz 1 hat das Verb *gave* zwei Objekte, ein direktes Objekt – *an umbrella* (‚wen oder was?') – und ein indirektes Objekt – *me* (‚wem oder was?').

■ Ist der Verursacher eines Vorganges unbekannt oder nicht so wichtig, benutzen wir im Englischen oft einen Passivsatz.
Dies erfolgt, indem das indirekte Objekt des Aktivsatzes *(me)* zum Subjekt des Passivsatzes *(I)* wird. Das direkte Objekt *(an umbrella)* bleibt dabei als einziges Objekt des Passivsatzes erhalten [2].

▶ **BEACHTE** Weitere Verben, die oft zwei Objekte und eine Passivstruktur haben, sind:

*The candidate **was asked** some difficult questions.* Man hat dem Prüfling einige schwierige Fragen gestellt.
*Candidates **are** often **lent** dictionaries.* Wörterbücher werden oft an Prüflinge ausgeliehen.
*New customers **are offered** a big discount.* Neuen Kunden wird ein großer Rabatt angeboten.
*I **was promised** more money by my boss.* Mir wurde von meinem Chef mehr Geld versprochen.
*My girlfriend was **sent** a bunch of flowers.* Meine Freundin bekam von jemandem einen Blumenstrauß geschickt.
*The class **was shown** a DVD about India.* Man hat der Klasse eine DVD über Indien gezeigt.
*We **were told** an exciting story.* Man hat uns eine spannende Geschichte erzählt.

5 *If*-Sätze *(If-sentences)*

5.1 Allgemeine Merkmale *(General features)*

Beispiele:

1 If the economy **recovers,** we **will hire** more staff.
Wenn sich die Wirtschaft erholt, werden wir mehr Mitarbeiter einstellen.

2 We **will hire** more staff if the economy **recovers.**
Wir werden mehr Mitarbeiter einstellen, wenn sich die Wirtschaft erholt.

3 We **won't hire** more staff if the economy **doesn't recover.**
Wir werden keine Mitarbeiter einstellen, wenn sich die Wirtschaft nicht erholt.

4 **Will you hire** more staff if the economy recovers?
Werden Sie mehr Mitarbeiter einstellen, wenn die Wirtschaft sich erholt?

5 If we get the order, we **can take** on more staff.
Wenn wir den Auftrag erhalten, können wir mehr Mitarbeiter einstellen.

6 You **should answer** the ad immediately if you want the job.
Du solltest dich auf die Anzeige sofort melden, wenn du die Stelle haben willst.

■ Ein ***if*-Satz** besteht aus zwei Teilen, einem *if*-Teil (*if-clause*) und einem Hauptteil *(main clause)*. Der *if*-Teil drückt eine Bedingung aus, der Hauptteil eine **Folge** [1].

▶ BEACHTE Der ***if*-Teil** kann vor oder nach dem **Hauptteil** stehen. Steht er aber an erster Stelle, trennen wir ihn von dem Hauptteil durch ein **Komma** [1] [2].

■ Bei Fragen können wir nur mit dem Hauptteil eine Frage bilden. Dann steht der Hauptteil vor dem *if*-Teil an erster Stelle [4].

■ Je nach Sinn können wir im Hauptteil andere Hilfsverben benutzen [5] [6].

5.2 Die Zeitenfolge in *if*-Sätzen *(Tense patterns in if-sentences)*

Beispiele:

1 If Hank **applies** for the job, he **will get** it.
Wenn Hank sich um die Stelle bewirbt, wird er sie bekommen.

2 If Hank **applied** for the job, he **would get** it.
Wenn Hank sich um die Stelle bewerben würde, würde er sie bekommen.

3 If Hank **had applied** for the job, he **would have got** it.
Wenn Hank sich um die Stelle beworben hätte, hätte er sie bekommen.

- Es gibt drei Typen von *if*-Sätzen mit unterschiedlichen Zeitenfolgen:

	if-Teil	Hauptteil
Typ 1	*if* + simple present	*will*-Futur [1] *can* *may* *should*
Typ 2	*if* + simple past	*would* + Infinitiv [2] *could* *might* *should*
Typ 3	*if* + past perfect	*would have* + Partizip Perfekt [3] *could have* *might have* *should have*

TIPP Die meisten Fehler bei ***if*-Sätzen** werden dadurch verursacht, dass die **korrekte Zeitenfolge** nicht eingehalten wird.
Denke daran: ***will/would*** stehen **nie** im ***if*-Teil!**

5.3 Gebrauch *(Use)*

■ Wir setzen *if*-Sätze gemäß der Wahrscheinlichkeit der zu erwartenden Folge ein:

▸ **Typ 1** Folge (fast) sicher:

If we manufacture in China, our prices will fall.
Wenn wir in China herstellen, werden unsere Preise fallen.

Die Preise werden (vermutlich) fallen, da wir (sicherlich bzw. sehr wahrscheinlich) in China herstellen werden.

▸ **Typ 2** Folge theoretisch möglich, aber kaum wahrscheinlich:

If we moved to Asia, a lot of workers would become unemployed.
Wenn wir nach Asien umziehen würden, würden viele Arbeiter arbeitslos werden.

Es ist kaum zu erwarten, dass viele Arbeiter arbeitslos werden, da wir (wahrscheinlich) **nicht** nach Asien umziehen werden.

▸ **Typ 3** Folge unmöglich, da Ergebnis schon bekannt:

If the firm had reacted more quickly, it would have survived.
Wenn die Firma schneller reagiert hätte, hätte sie überlebt.

Der Sprecher weiß schon, dass die Firma nicht überlebt hat, da sie zu langsam reagiert hat.

6 Die indirekte Rede *(Reported speech)*

6.1 Entscheidungsfragen *(Yes-/No-questions)*

Beispiele:

1 **Josey** "Did Lee buy a computer yesterday?"
„Kaufte Lee gestern einen Computer?"

Indirekt:

Josey **wanted to know if** Lee **had bought** a computer **the day before.**
Josey wollte wissen, ob Lee am Tag zuvor einen Computer gekauft habe.

2 **Hank** "Have you seen Brad Pitt's new movie, Paul?"
„Hast du Brad Pitts neuen Film gesehen, Paul?"

Indirekt:

Hank **asked Paul whether he had seen** Brad Pitt's new movie.
Hank fragte Paul, ob er Brad Pitts neuen Film gesehen habe.

3 **Paul** "Did you win the competition, Josey?"
„Hast du den Wettbewerb gewonnen, Josey?"

Indirekt:

Paul asked Josey whether she had won the competition.
Paul fragte Josey, ob sie den Wettbewerb gewonnen habe.

4 **Sue** "Would you have bought the bike if it had been cheaper, Hank?"
„Hättest du das Fahrrad gekauft, wenn es billiger gewesen wäre, Hank?"

Indirekt:

Sue wanted to know if Hank would have bought the computer if it **had been** cheaper.
Sue wollte wissen, ob Hank den Computer gekauft hätte, wenn er billiger gewesen wäre.

■ Bei **Entscheidungsfragen** – also Fragen ohne einleitendes Fragewort – benutzen wir ***if*** [1] [4] bzw. ***whether*** [2] [3], um zu verdeutlichen, dass es sich um eine Frage handelt.

■ Wie bei Aussagen müssen oft die **Zeitform des Verbs**, **Zeit- und Ortsangaben** und die **Personen** geändert werden, um den Sinn der direkten Äußerung genau wiederzugeben.

6.2 Anweisungen und Bitten *(Instructions and requests)*

Beispiele:

1 **Tom** Turn left at the first traffic-lights.
„Biegen Sie an der ersten Ampel links ab."

Indirekte Aufforderung:

Tom told the driver to turn left at the first traffic lights.
Tom sagte dem Fahrer, dass er an der ersten Ampel links abbiegen solle.

2 **Josey** Please turn off the computer, Lee.
„Schalte bitte den Computer aus, Lee."

Indirekte Bitte:

Josey **asked Lee to turn off** the computer.
Josey bat Lee, den Computer auszuschalten.

3 **Ms Day** Don't forget to bring your dictionaries.
„Vergesst nicht, eure Wörterbücher mitzubringen."

Indirekte Aufforderung:

Ms Day **told the pupils not to forget** to bring their dictionaries.
Ms Day sagte den Schülern, dass sie nicht vergessen sollen, ihre Wörterbücher mitzubringen.

4 **Lee** Please don't make so much noise.
„Mach bitte nicht so viel Lärm."

Indirekte Bitte:

Lee **asked his friends not to make** so much noise.
Lee bat seine Freunde, nicht so viel Lärm zu machen.

■ Indirekte Bitten werden durch *ask* (hier: bitten) [2] [4] und Aufforderungen durch *tell* (hier: sagen) [1] [3] eingeleitet.
▶ **BEACHTE** Da die Verben *ask* und *tell* **immer ein Objekt** haben, müssen wir die angesprochene **Person** in der indirekten Rede angeben.

■ Das Verb der direkten Äußerung erscheint als *to*-Infinitiv [1] [2].
Bei verneinten Äußerungen setzen wir *not* unmittelbar vor *to* [3] [4].

Weiterführende Grammatik *(Further grammar)*

1 Weitere Futurzeiten *(Further future tenses)*

1.1 *Future progressive*

Beispiele:

1 I **will be earning** more money after Easter.
Nach Ostern werde ich mehr Geld verdienen.

2 Mr Sun **will be teaching** us English next year.
Nächstes Jahr wird Mr Sun uns in Englisch unterrichten.

3 This time next week Janna and Hank **will be flying** to Florida.
Nächste Woche zu dieser Zeit werden Janna und Hank gerade dabei sein, nach Florida zu fliegen.

4 I hope I **will not/won't be spending** all my time in the office.
Ich hoffe, dass ich nicht meine ganze Zeit im Büro verbringen werde.

5 **Will** Tom Carter **be taking part** in the meeting on Saturday?
Wird Tom Carter an der Sitzung am Samstag teilnehmen?

Form

■ Wir bilden das *future progressive* mit *will be* + *-ing*-Form des Vollverbs. Diese Form ist bei allen Personen gleich [1] – [3].

■ Um das *future progressive* zu verneinen, fügen wir *not* unmittelbar nach *will* ein [4].

■ Um Fragen zu bilden, tauschen wir *will* und das Subjekt einfach aus (Inversion) [5].

Gebrauch

■ Wir verwenden das *future progressive* für andauernde zukünftige Situationen und Handlungen.

1.2 *Future perfect*

Beispiele:

1 I **will have finished** the report by Friday.
Bis Freitag werde ich den Bericht erledigt haben.

2 Can you wait an hour? We **will have repaired** your car by then.
Können Sie eine Stunde warten? Bis dann werden wir Ihr Auto repariert haben.

3 I'm sorry. They **will not/won't have cleaned** your room until midday.
Es tut mir leid. Sie werden Ihr Zimmer bis Mittag nicht gereinigt haben.

4 **Will** you **have passed** your driving licence before your holiday?
Wirst du deine Fahrprüfung vor deinem Urlaub bestanden haben?

Form

■ Wir bilden das *future perfect* mit *will have* + Partizip Perfekt (3. Form). Diese Form ist bei allen Personen gleich [1] [2].

■ Um das *future perfect* zu verneinen, fügen wir *not* unmittelbar nach *will* ein [3].

■ Um Fragen zu bilden, tauschen wir *will* und das Subjekt einfach aus (Inversion) [4].

Gebrauch

■ Wir verwenden das *future perfect*, um zu verdeutlichen, dass eine Handlung zu einem bestimmten zukünftigen Zeitpunkt abgeschlossen sein wird.

> **TIPP**
> Oft kommt das ***future perfect*** mit folgenden **Zeitangaben** vor:
> ***by*** *tomorrow/next week/Monday/Christmas/*
> *the end of next year/...* [1]
> ***before*** *next June/Easter/...* [4]
> ***until*** *August/7 o'clock/the summer holidays/...* [3]

2 Verb + Infinitiv und Verb + *-ing*-Form [Gerundium] *(Verb + infinitive und verb + -ing-form [gerund])*

2.1 Verb + Infinitiv und *-ing*-Form ohne Bedeutungsunterschied *(Verb + infinitive and -ing-form without change of meaning)*

Beispiele:

1 I **like seeing/to see** films at the cinema.
Ich sehe gerne Filme im Kino.

2 The class **started working/to work** immediately.
Die Klasse fing sofort an zu arbeiten.

■ Auf *like* [1], *love*, *hate*, *begin* und *start* [2] können beide Formen – also ein Infinitiv oder ein Gerundium – ohne Bedeutungsunterschied folgen.

2.2 Verb + Infinitiv oder *-ing*-Form nach bestimmten Verben *(Verb + infinitive or -ing-form after certain verbs)*

Beispiele:

1 Josey and Lee **want to go** on holiday.
Josey und Lee wollen in Urlaub fahren.

2 I **promise to try** harder.
Ich verspreche, mich mehr anzustrengen.

3 She **enjoys dancing.**
Sie tanzt gern.

4 The men **admit stealing** the money.
Die Männer geben zu, dass sie das Geld gestohlen haben.

■ Weitere gängige Verben, die immer **mit dem Infinitiv** benutzt werden, sind:

afford	*I can't afford to buy a car.* Ich kann es mir nicht leisten, ein Auto zu kaufen.	sich etw. leisten
decide	*Lee decided to find a job.* Lee entschied sich, einen Job zu suchen.	sich entscheiden
hope	*We hope to win the match.* Wir hoffen, dass wir das Match gewinnen.	hoffen
plan	*They are planning to fly to New York.* Sie beabsichtigen, nach New York zu fliegen.	beabsichtigen
refuse	*The man refused to help me.* Der Mann weigerte sich, mir zu helfen.	sich weigern

■ Weitere gängige Verben, die immer **mit der *-ing*-Form** benutzt werden, sind:

deny	*They denied being too late.* Sie verneinten, dass sie zu spät waren.	verneinen, bestreiten
imagine	*Imagine winning a lot of money!* Stell dir vor, viel Geld zu gewinnen!	sich vorstellen
keep	*Don't keep shouting at me!* Hör auf, mich dauernd anzuschrein!	etwas dauernd tun
miss	*Lee missed doing the test.* Lee versäumte, den Test zu machen.	versäumen
practise	*Josey often practises dancing.* Josey übt oft Tanzen.	üben
risk	*Don't risk losing the match.* Riskiere nicht, das Match zu verlieren.	riskieren
suggest	*I suggest going to the cinema.* Ich schlage vor, dass wir ins Kino gehen.	vorschlagen

2.3 Verb + Infinitiv oder *-ing*-Form je nach Bedeutung *(Verb + infinitive or -ing-Form according to meaning)*

forget, remember

Beispiele:

1 **Don't forget to buy** some bread.
Vergiss nicht, Brot zu kaufen.

2 Please **remember to buy** some bread.
Bitte denk daran, Brot zu kaufen.

3 We **can forget buying** a car. We don't have any money.
Ein Auto zu kaufen, können wir vergessen. Wir haben kein Geld.

4 **Do you remember seeing** Tom Hanks?
Erinnerst du dich, als wir Tom Hanks gesehen haben?

■ Das Muster *forget/remember* + Infinitiv bezieht sich auf die Zukunft. Es bedeutet ‚unbedingt daran denken, etwas zu tun' [1] [2].

■ Das Muster *forget/remember* + *-ing*-Form bezieht sich auf die Vergangenheit. Es bedeutet also, ‚etwas Geplantes vergessen können' [3] und ‚sich an etwas erinnern' [4].

stop

Beispiele:

1 We must **stop to buy** some bread.
Wir müssen anhalten, um Brot zu kaufen.

2 Dad should **stop smoking.**
Papa sollte aufhören zu rauchen.

■ Wenn *stop* ‚kurz anhalten, um etwas anderes zu tun' bedeutet, benutzen wir den *to*-Infinitiv [1].

■ Bedeutet *stop* ‚aufhören etwas zu tun' verwenden wir die *-ing*-Form (Gerundium) [2].

try

Beispiele:

1 I **tried to phone** Josey but she was out.
Ich versuchte Josey anzurufen, aber sie war nicht zu Hause.

2 Why **don't you try asking** for help?
Warum versuchst du nicht, um Hilfe zu bitten?

■ Bedeutet *try* ‚ein vergeblicher Versuch, etwas zu tun', benutzen wir den *to*-Infinitiv [1].

■ Bedeutet *try* ‚ein Versuch etwas Neues zu tun', verwenden wir die *-ing*-Form (Gerundium) [2].

3 Notwendige und nicht notwendige Relativsätze *(Defining and non-defining relative clauses)*

Beispiele:

1 The man **who discovered America** was Columbus.
Der Mann, der Amerika entdeckte, war Columbus.

2 The island **which Columbus discovered** is in the Caribbean.
Die Insel, die Columbus entdeckte, ist in der Karibik.

3 Columbus, **who was an Italian,** worked for the Spanish.
Columbus, der Italiener war, arbeitete für die Spanier.

4 His hometown, **which is called Genoa,** was an important port.
Seine Heimatstadt, die Genua heißt, war ein wichtiger Hafen.

■ In den ersten beiden Sätzen benötigen wir die Relativsätze *who discovered America* [1] und *which Columbus discovered* [2], um die Sätze als Ganzes zu verstehen. Daher nennen wir solche Relativsätze ‚notwendige Relativsätze'.

▶ BEACHTE Notwendige Relativsätze werden immer **ohne trennende Kommas** benutzt.

■ In den letzten beiden Sätzen schildern die Relativsätze *who was an Italian* [3] und *which is called Genoa* [4] eher Nebensächlichkeiten. Lassen wir diese Relativsätze weg, können wir die Hauptsätze *Columbus worked for the Spanish* [3] und *His hometown was an important port* [4] immer noch gut verstehen. Deswegen nennen wir solche entbehrlichen Relativsätze ‚nicht notwendige Relativsätze'.

▶ BEACHTE Nicht notwendige Relativsätze werden immer **durch Kommas** vom Hauptsatz getrennt.

4 Das Partizip *(The participle)*

4.1 Partizip Präsens nach *see, watch, listen to, …* *(Present participle after see, watch, listen to, …)*

Beispiele:

1 We **listened** to the group **singing** oldies **for three hours.**
Wir hörten der Gruppe drei Stunden lang zu, als sie Oldies sang.

2 As we drove past, I **saw** the police **stopping** a car.
Als wir vorbeifuhren, sah ich, wie die Polizei ein Auto anhielt.

3 We **saw** the man **embrace** his child.
Wir haben gesehen, dass der Mann sein Kind umarmte.

4 The audience **watched** the singer **walk** on to the stage, **take** a microphone and **sing** his latest hit.
Das Publikum sah zu, wie der Sänger auf die Bühne ging, ein Mikrophon nahm und seinen neuesten Hit sang.

■ Bei einer Handlung von längerer Dauer [1] oder wenn wir betonen wollen, dass wir nur einen Teil der Handlung miterlebt haben [2], benutzen wir das Partizip Präsens (*-ing*-Form).

■ Wenn wir den gesamten Ablauf einer Handlung miterlebt haben [3] oder wenn eine Reihe von Handlungen nacheinander passiert [4], benutzen wir den Infinitiv ohne *to*.

4.2 Partizip Präsens nach *come, sit, …* *(Present participle after come, sit, …)*

Beispiele:

1 The motorbike **came racing** down the road.
Das Motorrad kam die Straße runtergerast.

2 We want to **go skiing** tomorrow.
Morgen wollen wir Ski fahren gehen.

3 Josey **lay sleeping** on the sofa.
Josey lag schlafend auf dem Sofa.

4 Lee **sat listening** to his MP3 player.
Lee saß da und hörte seinem MP3-Player zu.

■ Nach Verben der Bewegung, wie *come* [1], *go* [2], *walk*, … und Verben der Ruhe, wie *lie* [3], *sit* [4], *stand*, … benutzen wir im Englischen das Partizip Präsens (-*ing*-Form).

4.3 Partizipialstruktur statt Adverbialsatz *(Participle structure instead of adverbial clause)*

Beispiele:

1 Because I was late, I took a taxi.
Being late, I took a taxi.
Weil ich mich verspätet hatte, nahm ich ein Taxi.

2 After she had finished her work, she went home.
Having finished/After finishing her work, she went home.
Nachdem sie ihre Arbeit erledigt hatte, ging sie nach Hause.

3 While Ben was sitting on the bus he went to sleep.
While sitting on the bus, Ben went to sleep.
Während Ben im Bus saß, schlief er ein.

■ Um einen Adverbialsatz mithilfe einer Partizipialstruktur zu verkürzen, muss das Subjekt des Haupt- und Nebensatzes das gleiche sein: *I* was, *I* took [1], *she* had finished, *she* went [2], *Ben* was sitting, *he* went [3].

4.4 Partizipialstruktur statt Relativsatz *(Participle structure instead of relative clause)*

Beispiele:

1 The girl **who is talking** to Ben is my sister.
The girl **talking** to Ben is my sister.
Das Mädchen, das gerade mit Ben spricht, ist meine Schwester.

2 I asked a man **who was sitting** on a bench the way to the station.
I asked a man **sitting** on a bench the way to the station.
Ich fragte einen Mann, der auf einer Bank saß, nach dem Weg zum Bahnhof.

3 The concert **which was held** in the park was great.
The concert **held** in the park was great.
Das Konzert, das im Park gegeben wurde, war großartig.

■ Die Partizipien *talking* [1], *sitting* [2] und *held* [3] ersetzen den jeweiligen Relativsatz (*who is talking, who was sitting, …*).

■ Die Verkürzung durch das Partizip Präsens (*-ing*-Form) drückt eine aktive Handlung aus [1] [2].

■ Die Verkürzung durch das Partizip Perfekt (3. Form) drückt einen passiven Vorgang aus [3].

4.5 Modalverb + *have* + Partizip Perfekt *(Modal verb + have + past participle)*

Beispiele:

1 Ben **may have gone** home.
Ben könnte nach Hause gegangen sein.

2 He **must have been** crazy to drive so fast.
Er muss verrückt gewesen sein, so schnell zu fahren.

3 Anna **could have missed** her bus.
Anna könnte ihren Bus verpasst haben.

4 You **shouldn't have bought** so much bread.
Du hättest nicht so viel Brot kaufen sollen.

5 You **needn't have waited.** You **should have** just **phoned.**
Ihr hättet nicht warten müssen. Ihr hättet einfach anrufen sollen.

■ Das Muster Modalverb + *have* + Partizip Perfekt [1 – 5] bezieht sich auf die Vergangenheit.

■ Wir benutzen dieses Muster, um zu sagen, was möglicherweise passiert ist [1] oder was hätte passieren müssen [2], können [3], sollen [4] [5], usw. (↗ *if*-Sätze, Typ 3, S. 32).

Texte schreiben *(Skills training)*

1 Privatbriefe *(Private letters)*

Anschrift oben rechts, ***ohne Namen***	Oak Lane 7 Ashton, Kent CT2 5TH
Datum ***ohne Punkt*** *nach dem Tag*	10 September 20..
Dear + Name, ***ohne Komma***	Dear Emma
	Thanks very much for your letter. It was great to hear that you passed all your exams. Well done!
Neuer Absatz mit eingerückter erster Zeile	Your idea of taking a few months off before getting a job is very exciting. I know somebody who did that and he loved it.
	My big news is that I have a dog! She's a golden labrador. Her name's Penny and she's lovely. But she's quite a lot of work because she needs about two hours exercise a day, which can sometimes be quite hard after school, of course. Still, she's worth it.
	We haven't seen each other for ages and I'd love to get together for a really long chat. Why don't you come over to Ashton one weekend? What do you say?
Love oder Yours, ***ohne Komma***	Love Kathy

Form

■ Bei privaten Briefen steht die Absenderanschrift (ohne Namen) oben rechts und das Datum unmittelbar darunter.

▶ **BEACHTE** Die Form ***15 September 2006*** ist am einfachsten. Andere Möglichkeiten sind: ***15th September 2006, September 15, 2006*** und ***September 15th, 2006.***

■ Bei handgeschriebenen Briefen wird die erste Zeile eines neuen Absatzes meist eingerückt. Bei computergeschriebenen Briefen wird ein neuer Absatz oft durch eine Leerzeile angezeigt.

Sprache und Stil

■ Private Briefe sind informell. Deswegen benutzen wir in solchen Briefen die Umgangssprache und Formen der gesprochenen Sprache. (↗ Übersichten, 1.1 Informeller Stil, S. 66)

■ Obwohl private Briefe meist weniger förmlich sind, gelten trotzdem die üblichen Stilnormen. So würdest du zum Beispiel in einem Brief an eine ältere Person, die du nicht besonders gut kennst, einen förmlicheren Stil wählen.

2 Formellere Briefe *(More formal letters)*

Sunny Days Hotel,

all rooms with private bath/WC.
Children welcome. 25 ppn.

Mrs Alice Budd, Sunny Days Hotel, 5 Cliff Road,
Sheringham, Norfolk, NR32 6TZ

*Anschrift oben rechts, **ohne Namen***	24 Manor Road Bungay, Suffolk NR35 1RR
*Datum **ohne Punkt** nach dem Tag*	22 April 20..
Empfängeranschrift links	Sunny Days Hotel 5 Cliff Road Sheringham, Norfolk NR32 6TZ
Betreffzeile	**Reservation**
*persönliche Anrede, **ohne Komma***	Dear Mrs Budd With reference to your advertisement in today's Norfolk News, I would like to reserve a double room with a third bed from 1 to 14 August 20..
Neuer Absatz mit Leerzeile	Thank you for your trouble, and I look forward to receiving your confirmation of reservation in due course.
*persönliche Anrede: **Yours sincerely** unpersönliche Anrede: **Yours faithfully***	Yours sincerely
Unterschrift	Peter Fox Peter Fox

Form

■ Heutzutage wird die amerikanische Blockform immer beliebter. Bei dieser Form werden die Briefteile einfach untereinander linksbündig aufgelistet.

▶ **BEACHTE** Bei der Blockform werden in Adressen, nach der Anrede und nach der abschließenden Grußformel keine Kommas benutzt.

■ Hier sind einige Bemerkungen zu den einzelnen Teilen eines formellen Briefes, z. B. eines Geschäftsbriefes, einer Bewerbung oder eines Briefes an eine Zeitungsredaktion:

Empfängeranschrift *(inside address)*
Wenn du einen Brief beantwortest, vergewissere dich, dass die Empfängeranschrift genau dieselbe ist wie auf dem Briefkopf des Originalbriefes. Mache keinerlei Änderungen!

> **TIPP** Bei der Website der Universal Postal Union – **www.upu.int** – und dann unter "adresses" kannst du herausfinden, wie man Anschriften in über 180 Ländern postgerecht gestaltet.

Datum *(date)*
Obwohl es eine Reihe von anderen Möglichkeiten gibt – s. Seite 47 –, ist z. B. **22 April 2006** die weitaus geläufigste Form im modernen Geschäftsgebrauch.

▶ **BEACHTE** Benutze **keine Daten**, die nur aus Zahlen – wie z. B. **11.6.06** – bestehen. In Europa bedeutet dies **11 June 2006**, aber in Nordamerika und in gewissen asiatischen Staaten bedeutet es **6 November 2006.**

Betreffzeile *(subject line)*
Im modernen Gebrauch steht die Betreffzeile unmittelbar vor der Anrede. Sie gibt in so wenig Wörtern wie möglich an, um was es sich in dem Brief handelt. Normalerweise ist die Betreffzeile halbfett oder unterstrichen.

Anrede *(salutation)*
Wenn du den Namen des Empfängers nicht kennst, dann benutze die unpersönliche Form Dear Sir or Madam.

Grußformel *(complimentary close)*
Beginne deinen Brief mit einem Namen, dann beende ihn mit *Yours sincerely*. Beginnst du mit der unpersönlichen Form *Dear Sir or Madam*, dann endest du mit *Yours faithfully*.
▶ **BEACHTE** Kennst du die andere Person gut, ist es freundlicher, den Brief mit ***With best regards*** oder ***With best wishes*** statt des formelleren Ausdruckes ***Yours sincerely*** zu beenden.

Unterschrift *(signature)*
Schreibe die Unterschrift grundsätzlich mit der Hand.

Sprache und Stil

- Weil sie unter Umständen veröffentlicht werden könnten, verwendet man bei Leserbriefen an eine Zeitungsredaktion einen wesentlich förmlicheren Stil.

- Obwohl Geschäftsbriefe natürlich förmlicher sind als persönliche Briefe, heißt dies nicht, dass sie deshalb steif und unfreundlich klingen müssen. (↗ Übersichten, 1.2 Gehobener Stil, S. 67)

- Um das Leseverständnis zu erhöhen, benutze einen Absatz für jeden Inhaltspunkt und lasse eine Leerzeile dazwischen.

America's orphan trains

During the 75 years between 1850 and 1925, a lot of new settlers in America's Midwest were orphans[1] and homeless children who were living on the streets of eastern cities, particularly big ports like New York and Boston. It was reported, for example, that in 1854 there were about 34,000 homeless children in New York alone.

But apart from answering the problem of vagrant[2] children in big eastern cities, these children also provided[3] cheap workers and 'new blood' for thinly-populated[4] states west of the Mississippi such as Iowa, Missouri and Nebraska.

Children were transported west literally[5] by the trainload in what came to be called 'orphan trains'.

The records of orphanages and railroad companies put the total number of children who were taken to the Midwest at around 400,000, though some experts think that this is probably far too low. For example, at least 100,000 children were taken to Missouri alone during these years.

1 *Waisenhaus*
2 *vagabundierend*
3 *sorgen für*
4 *dünn bevölkert*
5 *buchstäblich*

Mögliche Zusammenfassung

Between 1850 and 1925 orphans and homeless children in eastern cities provided a lot of new settlers for the Midwest. Apart from answering the problem of vagrant children in the east, the orphans also provided cheap workers and ‚new blood' for thinly-populated states west of the Mississippi. Records put the total number of resettled children at about 400,000, though this is probably far too low.

■ Die folgenden Hinweise und Schritte können dir helfen, eine Zusammenfassung eines Textes zu produzieren:

Schritt 1 Lies den Text Satz für Satz durch. Klammere dann all die Sätze, Satzteile, Wörter usw. aus, die nicht wesentlich zu den Kernaussagen des Textes beitragen. Du wirst wahrscheinlich dazu tendieren, die folgenden Inhalte eines Textes auszuklammern:

- Statistiken, Tabellen, grafische Darstellungen.
- Beispiele, die durch Wendungen wie *for example/instance*, *such as*, *as in the case of*, *as when* usw. eingeleitet werden.
- Anekdoten und Witze, die z. B. durch *by the way*, *incidentally*, *in passing* usw. angekündigt werden.
- Wiederholungen, denen Ausdrücke wie *in other words*, *put another way*, *as I was saying*, *as already said* usw. vorausgehen.
- Stilmittel, vor allem Vergleiche, Aufzählungen und natürlich Wiederholungen.
- Zitate und Meinungen von Experten, die ein Argument unterstützen oder einen Einzelaspekt illustrieren sollen.

Schritt 2 Übertrage die Teile des Textes, die sich außerhalb der Klammern befinden, auf einen Zettel. Prüfe, ob du wirklich alle Nebensächlichkeiten entfernt hast.

Schritt 3 Füge die übriggebliebenen Teile – die das Wesentliche des Inhaltes wiedergeben – zu einem zusammenhängenden Text zusammen.

4 Berichte *(Reports)*

Great Yarmouth, Weds. The Yarmouth lifeboat[1] had to go out twice in heavy seas yesterday.

At about 9 am Bosun[2] Davey West was telephoned by the coast guard[3] and asked to take a man off a German container ship about two miles out at sea. The man had been badly hurt in an accident and had to be taken to hospital in Norwich as quickly as possible. There he was operated on at once, and doctors were able to save his leg.

Later, our reporter was told: "The lifeboat crew was fantastic. They launched[4] the boat in record time in very difficult weather conditions."

But the crew's work was still not done. Three boys from London had been carried too far out to sea in a rubber boat and were soon in trouble. They were towed[5] back to safety by the lifeboat. The father of one of the boys told reporters, "I've never given a penny to the lifeboat service, but now I know better. The voluntary[6] crews of lifeboats around our coasts should be given all the help they need."

1 *Rettungsboot*
2 *Bootsmann*
3 *Küstenwache*
4 *zu Wasser lassen*
5 *schleppen*
6 *freiwillig*

■ Ein Bericht ist die objektive Darstellung eines tatsächlichen Vorgangs. Daher beantwortet ein Bericht folgende sogenannte journalistische Fragen *(journalistic questions):*

- *What event took place?*
- *Where and when did it take place?*
- *Who was involved?*
- *Why and how did it happen?*

■ Die folgenden Schritte könnten dir helfen, einen strukturierten und wertfreien Bericht zu schreiben:
Schritt 1 Sammele die Fakten nach den oben angegebenen Leitfragen in der Reihenfolge Was? – Wo? – Wann? – Wer? – Warum? – Wie?

Schritt 2 In Berichten wird ein formellerer Stil verwendet, ohne geschwollen, unnötig kompliziert oder witzig zu wirken. Am allerwichtigsten sind Klarheit, Genauigkeit und Vollständigkeit.

■ Eine unpersönliche Haltung wird durch die Anwendung des Passivs und durch eine wertfreie Darstellung der Ereignisse zum Ausdruck gebracht. (↗ Übersichten, 1.2 Gehobener Stil, S. 67)

5 Argumentative Texte und Stellungnahmen *(Argumentative texts and comments)*

Beispiel eines argumentativen Textes

SIR or MADAM – I was interested to read your report on 2 March about controlling the internet. Although demands[1] for censorship[2] are often called 'undemocratic', in my opinion they are absolutely right.
Those against internet censorship generally claim that there is no fair way of deciding which content should be censored. These critics say that if you give this job to governments, we will soon have politcal censorship as well, as in China, for example.
This argument is, however, absurd. In democracies, governments make many decisions that have an effect on the freedoms and rights of us all. But democratically elected parliaments make sure that such powers are used for the good of society as a whole and are not abused[3]. Why should this be any different with internet censorship?
All other media – books, films, TV programmes, scholl books – are 'censored' in a number of ways, and I do not see why the internet should be any different.

Roger Gregg, Leeds

[1] *Forderung* [2] *Zensur* [3] *missbrauchen*

■ Ein argumentativer Text setzt sich mit einem umstrittenen Thema auseinander. Typische Beispiele solcher Texte sind Leitartikel *(leaders)*, Leserbriefe *(letters to the editor, readers' letters)*, politische Reden *(political speeches)* und viele Aufsätze *(essays)*.

■ Normalerweise besteht ein argumentativer Text aus drei Teilen, und zwar:

▸ **Einführung** *(introduction)*
Darstellung des Problems und dazu die Äußerung der eigenen Meinung.

▸ **Mittelteil** *(development)*
Argumente dafür/dagegen mit geeigneten Fakten/Beweisen.

▸ **Schlussfolgerung** *(conclusion)*
Wiederholung der eigenen Position und kurze Zusammenfassung der wichtigsten Gründe.

■ Der Stil eines argumentativen Textes ist meist formell. (↗ Übersichten, 1.2 Gehobener Stil, S. 67)

6 Referate *(Talks)*

■ Sammele **Fakten und Ideen** ggf. anhand einer ***mind map*** bzw. eines *topic web.*

■ Bringe deine Gedanken in eine **logische Reihenfolge** möglichst **kleiner Schritte**, wie bei einer Nachrichtensendung im Radio oder Fernsehen. So verhinderst du, unnötig abzuschweifen oder den Faden zu verlieren.

■ Lenke die **Aufmerksamkeit deiner Zuhörer** zu Beginn deines Referats auf dich, indem du mit einer provokativen Aussage, einer rhetorischen Frage oder einer kurzen persönlichen Anekdote anfängst.

■ **Visuelle Medien** wie z. B. Fotos oder Folien lassen sich gut einsetzen, um das Interesse der Zuhörer zu wecken.

■ **Lies dein Referat nicht vor**, und versuche auch nicht, es auswendig zu lernen. Lies es besser einige Male entspannt durch, sodass du den Inhalt und die Struktur gut im Kopf hast. Schreibe dann **Stichpunkte** *(notes)* gut lesbar auf **Karteikarten**, die du während des Vortrags als Orientierungshilfe benutzen kannst.

■ Gute Redner lassen ihre Augen **durch den Raum wandern**, während sie sprechen, ohne eine Person oder Gruppe dauernd zu fixieren.

■ Stehe nicht steif da wie eine Salzsäule, aber laufe auch nicht hektisch umher. Stell dir einfach vor, dass du zu einem Freund sprichst.

■ Unterstütze wichtige Aspekte mit **Gesten**, aber vermeide auf alle Fälle den erhobenen Zeigefinger.

Wortschatz *(Vocabulary)*

1 Wie man grammatische Strukturen übersetzt *(Translating grammatical structures)*

1.1 Nomen *(Nouns)*

Beispiele:

1 The **news** from Russia **is** not too good.
*Die **Nachrichten** aus Russland **sind** nicht besonders gut.*

2 **These headphones are** too expensive.
***Dieser Kopfhörer ist** zu teuer.*

■ Einige wichtige Nomen stehen im Englischen im Singular, aber können – je nach Sinn – im Deutschen im Plural stehen [1].

Weitere Nomen dieser Gruppe sind:

advice	Rat, Ratschlag
damage	Schaden
evidence	Beweis
furniture	Möbel
homework	Hausaufgabe
housework	Hausarbeit
information	Information
knowledge	Wissen
progress	Fortschritt
research	Forschung
work	Arbeit

▶ **BEACHTE** Um diese Nomen im Plural zu benutzen, fügen wir *a/two/… piece(s) of …*, z. B. *two pieces of evidence,* hinzu. In solchen Fällen verwenden wir die normale Pluralform im Deutschen, z. B. ‚zwei Beweise'.

■ Anders als im Deutschen stehen ‚Paarwörter' *(pair nouns)* im Englischen immer im Plural [2].

Weitere wichtige Paarwörter sind:

briefs	Slip
glasses	Brille
jeans	Jeans
pants	BE: Unterhose, AE: Hose
pliers	Zange
scissors	Schere
shorts	kurze Hosen, ‚Shorts‘
stockings	Strümpfe
swimming trunks	Badehose
tights	Strumpfhose
trousers	Hose
tweezers	Pinzette

▶ **BEACHTE** Um Paarwörter im Plural zu benutzen, fügen wir *a/two/… pair(s) of …*, z. B. *two pairs of glasses*, hinzu. In solchen Fällen verwenden wir die normale Pluralform im Deutschen, z. B. ‚zwei Brillen‘.

1.2 Adverbien *(Adverbs)*

Beispiele:

1 In India, many children work very **hard**, but they get **hardly** any money.
*In Indien arbeiten viele Kinder sehr **hart**, aber sie bekommen **kaum** Geld.*

2 Jill Have you seen Ann **lately?**
*Hast du Ann **in letzter Zeit** gesehen?*
Bob No. She's late today because of a dental appointment.
*Nein. Sie kommt heute **spät** wegen eines Zahnarzttermins.*

■ Einige Adverbien haben zwei Formen mit unterschiedlichen Bedeutungen [1] [2].

Weitere wichtige Adverbien dieser Gruppe sind:

close	nah
closely	sorgfältig, genau
deep	tief
deeply	zutiefst
high	hoch
highly	sehr, höchst
most	meist
mostly	hauptsächlich, meistens
near	nah
nearly	fast
short	kurz
shortly	bald, in Kürze
wide	weit
widely	weit verbreitet, an vielen Orten

1.3 Zeiten *(Tenses)*

Das *present perfect (The present perfect)*

Beispiele:

1 I **have known** Carol Fox **for years/since 2000.**
*Ich **kenne** Carol Fox **schon seit Jahren/2000.***

2 We **have been waiting** here **for ages/since 10.**
*Wir **warten** hier **schon seit einer Ewigkeit/10 Uhr.***

3 She **has just moved** to New York.
*Sie **ist gerade** nach New York **umgezogen.***

4 She **has invited** me to visit her there.
*Sie **lud** mich **ein,** sie dort zu besuchen.*

5 This is great because I **have never been** to the USA.
*Dies ist prima, da ich **noch nie** in den USA **war/gewesen bin.***

■ Bei Sätzen mit *for/since*, in denen die Situation in der Vergangenheit begann und noch andauert, benutzen wir im Deutschen das Präsens oft mit ‚schon' [1]. In solchen Fällen kommt im Englischen auch das *present perfect progressive* vor [2].

■ Bei Sätzen mit *just*, in denen das Ereignis in der Vergangenheit liegt, aber eine unmittelbare Auswirkung auf die Gegenwart hat, benutzen wir im Deutschen das deutsche Perfekt + ‚gerade'/‚soeben' [3].

■ Bei Sätzen ohne ein Zeitadverb [4] bzw. mit *never/not yet* [5], in denen das Ereignis noch nicht stattgefunden hat, benutzen wir im Deutschen entweder das deutsche Perfekt oder das Präteritum.

Die Verlaufsform *(The progressive)*

Beispiele:

1 English **is spreading** faster and faster.
*Englisch **verbreitet sich gerade/im Augenblick** immer schneller.*
*Englisch **ist dabei,** sich immer schneller **zu verbreiten.***

2 We nearly had a bad accident while we **were climbing** the Zugspitze.
*Wir hatten fast einen schlimmen Unfall, als wir die Zugspitze **hinaufstiegen.***

3 The American Indians **have been fighting** for compensation for years.
*Die Ureinwohner Amerikas **kämpfen schon** seit Jahren um Entschädigung.*

■ Verwende bei der Übersetzung des *present progressive* das Präsens im Deutschen, am besten mit einem Zeitadverb wie ‚gerade' oder ‚im Augenblick'. Alternativ kannst du die deutsche Struktur ‚dabei sein, etwas zu tun' benutzen [1].

■ Verwende bei der Übersetzung des *past progressive* die deutsche Vergangenheit, ggf. mit ‚gerade'. Häufig jedoch reicht die Vergangenheit aus [2].

■ Für das *present perfect progressive* benutzen wir das deutsche Präsens, oft mit ‚schon' [3].

Das *going to*-Futur *(The going to-future)*

Beispiele:

1 The government **is going to forbid** smoking.
Die Regierung ***hat vor,*** das Rauchen ***zu verbieten.***

2 The water shortage **is going to cause** big problems.
Die Wasserknappheit ***wird (sicherlich)*** große Probleme ***verursachen.***

■ Drückt das englische *going to* eine zukünftige Absicht aus, benutzen wir im Deutschen für ‚etwas vorhaben' oder ‚etwas beabsichtigen' das Präsens [1].

■ Drückt *going to* dagegen die Idee aus, dass irgendein Ereignis offensichtlich in Kürze passieren wird, benutzen wir das deutsche Futur, ggf. mit ‚sicherlich' oder ‚bestimmt' [2].

1.4 Das Passiv *(The passive)*

Beispiele:

1 This software **was developed** in India.
*Diese Software **wurde** in Indien **entwickelt.***

2 Six fans **were searched** by the police.
*Die Polizei **durchsuchte** sechs Fans.*
*(Sechs Fans **wurden** von der Polizei **durchsucht.**)*

3 Books **must be returned** within 14 days.
*Man **muss** die Bücher binnen 14 Tagen **zurückbringen.***
*(Die Bücher **müssen** binnen 14 Tagen **zurückgebracht werden.**)*

4 **It is said** that the company is closing.
Man sagt, *dass die Firma schließt.*
*(**Es wird gesagt,** dass die Firma schließt.)*

> **TIPP** Im Englischen benutzen wir das Passiv viel häufiger als im Deutschen. Daher ist es manchmal sinnvoll, das **englische Passiv** durch eine **deutsche Aktivstruktur** zu ersetzen.

■ Kommt in dem englischen Satz kein *by*-agent vor, benutzen wir im Deutschen das Passiv [1].

■ Ist ein *by*-agent in dem englischen Satz vorhanden, dann verwenden wir ihn als das Subjekt eines deutschen Aktivsatzes [2].

■ Bei der Übersetzung des englischen Passivs mit einem modalen Hilfsverb benutzen wir das unpersönliche Pronomen ‚man' mit einem Aktivverb im Deutschen [3].

■ Bei der Übersetzung des englischen unpersönlichen Passivs (*It* + Zeitform von *be* + Verb des Sprechens oder Denkens) verwenden wir im Deutschen ebenfalls das unpersönliche Pronomen ‚man' [4].

1.5 Die indirekte Rede *(Reported speech)*

Beispiele:

1 The coach told the players he **was** dissatisfied with the result.
Der Trainer sagte den Spielern, dass er unzufrieden mit dem Ergebnis ***sei.***

2 He said he **had had** a headache just watching them.
Er sagte, dass er nur vom Zuschauen Kopfschmerzen ***habe.***

■ Bei der Übersetzung der indirekten Rede verwenden wir den deutschen Konjunktiv und drücken so die englische Zeitverschiebung *(tense shift)* aus [1] [2].

1.6 Gerundien, Infinitive, Partizipien und Relativsätze ohne Relativpronomen *(Gerunds, infinitives, participles and contact clauses)*

Beispiele:

1 Tourists **visiting** London seldom see the queen.
*Touristen, **die London besuchen,** sehen selten die Königin.*

2 This is the church **built** by white settlers.
*Dies ist die Kirche, **die** von weißen Siedlern **gebaut wurde.***

3 The government **denies treating** the prisoners unfairly.
*Die Regierung **verneint, dass sie** die Gefangenen ungerecht **behandelt.***

4 The firm **has promised to employ** more female managers.
*Die Firma **hat versprochen,** mehr weibliche Manager **zu beschäftigen.***

5 Most parents **want** their children **to be** good at school.
*Die meisten Eltern **wollen,** dass ihre Kinder gut in der Schule **sind.***

6 Unfortunately the **car you** damaged belongs to my boss.
*Leider gehört **der Wagen, den du** beschädigt hast, meinem Chef.*

■ Bei der Übersetzung von einem verkürzenden **Partizip Präsens** [1] bzw. **Partizip Perfekt** [2] verwenden wir im Deutschen einen **Nebensatz**.

■ Ersetze die **Gerundien**, die nach gewissen Verben benutzt wurden, durch einen **Nebensatz** [3] und **Infinitive** durch einen **Infinitiv mit *zu*** [4] im Deutschen.

■ Ersetze das **englische Muster** Objekt + *to*-Infinitiv nach *ask* (bitten), *expect, instruct* (anweisen), *order, tell* (sagen), *want, wish* und *would like* durch einen **Nebensatz** im Deutschen [5].

■ Bei der Übersetzung eines englischen **Relativsatzes ohne Relativpronomen** *(contact clause)* verwenden wir im Deutschen einen **Relativsatz** [6].

2 Wie man leicht verwechselbare Wörter übersetzt *(Translating confusing words)*

Bei den Vokabeln gibt es bei der Übersetzung vom Englischen ins Deutsche zwei wichtige Fehlerquellen: erstens sogenannte ‚falsche Freunde' *(false friends)* und zweitens englische Wortpaare, die leicht zu verwechseln sind *(confusibles)*.

2.1 Falsche Freunde: eine ‚Minimalliste'

actual	*tatsächlich*	aktuell	*current, topical*
(to) become	*werden*	bekommen	*get, receive*
(to) blame	*tadeln*	sich blamieren	*(to) disgrace oneself*
consequently	*folglich*	konsequent	*consistent*
critic	*Kritiker*	Kritik	*criticism*
comfortable	*bequem*	komfortabel	*convenient*
eventually	*schließlich*	eventuell	*possibly*
(to) irritate	*verärgern*	irritieren	*(to) confuse*
(to) mean	*bedeuten*	meinen	*(to) think*
meaning	*Bedeutung*	Meinung	*opinion*
miserable	*elend*	miserabel	*awful*
notice	*Aushang, Schild*	Notiz	*note*
sensible	*vernünftig*	sensibel	*sensitive*
serious	*ernst*	seriös	*reputable*
sympathetic	*mitfühlend*	sympathisch	*likeable*
undertaker	*Leichenbestatter*	Unternehmer	*entrepreneur*
will	*werden*	will	*want*

After an hour's wait, **at last** the plane took off.	endlich
Well, you can **at least** say sorry, can't you?	mindestens
The concert was **quite** good.	ganz
The band waited until the audience was **quiet.**	still
However you look at it, we've got a problem.	egal wie
After the third goal, **however,** our team gave up.	jedoch
The plane was **just** taking off when it crashed.	gerade
Susan reacted **just** as I said she would.	genau
The poor have to **borrow** money to live.	sich etwas leihen
The rich get interest on the money they **lend.**	verleihen
The man **lay** on the road until help came.	lag
The paramedics **laid** him on a stretcher.	haben gelegt
Tom is completely **uninterested** in other people.	desinteressiert
You can't expect salespeople to be **disinterested.**	unvoreingenommen
The EU must reform its **economic system.**	Wirtschaftssystem
Cars are much more **economical** than they used to be.	sparsam
The free market cannot solve all **social problems.**	soziale Probleme
Laura isn't very **sociable.** She likes being alone.	gesellig

Übersichten *(Overviews)*

1 Einige Hinweise zum Stil *(Some hints about style)*

1.1 Informeller Stil *(Informal style)*

Ein informeller Stil hat folgende wesentliche Merkmale:

- Anwendung eines umgangssprachlichen **Wortschatzes,** wie z. B.

informell	gehoben
come/go into *a room* statt	***enter*** *a room*
cook/make *a meal*	***prepare*** *a meal*
do *an exam*	***sit*** *an exam*
get a job *as …*	***find employment*** *as …*
get to know *somebody*	***become acquainted with*** *somebody*
go *to school/college*	***attend*** *school/college*
live *in a place*	***reside*** *in a place*
take part *in a meeting*	***participate*** *in a meeting*
What do you say *to that?*	***What is your opinion*** *of that?*

- Gebrauch von Formen der gesprochenen Sprache *(conversational devices)*, wie Kurzformen *(short forms)*, Frageanhängsel *(question tags)*

> ▸ *I don't suppose* ***you've seen*** *Kati lately,* ***have you?***
> ▸ ***You'll*** *call by in Aachen when* ***you're*** *in Germany,* ***won't you?***

Aufmerksamkeitsanreger *(attention catchers)*

- ***Look,*** *I'd think it'd be best if I picked you up in Bristol, don't you?*
- ***By the way,*** *I'm flying over to Germany next weekend.*
- ***Before I forget,*** *could you give Kati all my best?*

Verzögerer *(hesitaters)*

- ***Where were we? Oh, yes. As I was saying,*** *I visited Kati last weekend.*
- ***Hold on a minute/second.*** *Did you say you saw Kati at Jim's party?*
- ***Let me think. Yes,*** *I remember now. …*
- ***Well, I suppose*** *I could pick you up at the station.*
- ***Now,*** *this is what happened: …*
- ***Oh, dear.*** *What happened then?*

1.2 Gehobener Stil *(Formal style)*

Ein **gehobener Stil** ist durch folgende Merkmale gekennzeichnet:

- Anwendung eines **gehobenen Wortschatzes**, der oft romanischen Ursprungs ist, wie z. B.

gehoben		informell
arrived *home*	statt	***got*** *home*
the meeting ***commenced***		*the meeting* ***began/started***
contravene *the law*		***break*** *the law*
enquire after *somebody's* ***health***		***ask how*** *somebody's* ***feeling***
repair *the damage*		***fix*** *the damage*
reply *to a letter*		***answer*** *a letter*
serve a *two-year* ***sentence***		***go to prison for*** *two years*
surrender *one's passport*		***give up*** *one's passport*

- Gebrauch der **Langform**, z. B.:

▸ *We are disappointed that the consignment **was not** delivered on the agreed date.*

- Gebrauch des **Passivs**, z. B.:

▸ *Tobacco advertising **has been banned** throughout the EU.*
▸ *Health warnings **are printed** on all cigarette packets.*

▸ ***It is thought** that the minister will resign shortly.*
▸ ***The company is said** to have developed an improved computer.*

- Gebrauch **längerer Satzgefüge** *(complex sentences)* statt einfacher Sätze *(simple sentences)*, z. B.:

▸ *The defence told the judge **hearing** the case that **on arriving** home the accused had phoned his partner in New York, a fact later **confirmed** by the person concerned.*

- Häufiger Gebrauch des **Partizips** anstelle eines **Relativsatzes**, z. B.:

▸ *The prime minister spoke to people **worried** about the government's plans.*
▸ *The bomb **dropped** on Hiroshima changed the world forever.*

- Vermeidung von **abgekoppelten Präpositionen**, z. B.:

▸ *Can you tell me **in which** room the meeting is taking place, please?*
statt
▸ *Can you tell me **which** room the meeting is taking place **in**, please?*

▸ ***To whom** were you speaking on the phone just now?*
statt
▸ *Who were you speaking **to** on the phone …*

2 Wichtige Abweichungen in der Zeichensetzung *(Important deviations in punctuation)*

2.1 Punkt *(Full stop [AE: period])*

Beispiele:

1 One **point** five plus three **point** four is four **point** nine.
Eins Komma fünf plus drei Komma vier ist vier Komma neun.

2 Our house cost € 156,000.
Unser Haus kostete 156.000 €.

■ Bei Dezimalzahlen benutzen wir im Englischen einen Punkt (.) und kein Komma (,) wie im Deutschen [1].

■ Bei Zahlen über eintausend benutzen wir im Englischen ein Komma (,) und keinen Punkt (.) wie im Deutschen [2].

2.2 Ausrufezeichen *(Exclamation mark)*

Beispiele:

1 Please stop driving so fast!
Fahr bitte nicht so schnell!

2 Watch out! That child is going to run over the road!
Pass auf! Das Kind läuft gleich über die Straße!

3 What a wonderful voice!
Was für eine wunderschöne Stimme!

4 Answer all the questions.
Beantworten Sie alle Fragen!

5 Don't forget to count your words.
Vergessen Sie nicht, Ihre Wörter zu zählen!

■ Im Englischen benutzen wir ein Ausrufezeichen (!) nur für echte Gefühlsausbrüche [1] – [3].

■ Bei neutralen Anweisungen, Bitten usw. benutzen wir im Englischen einen Punkt [4] [5]. Daher wird das Ausrufezeichen im Englischen viel weniger gebraucht als im Deutschen.

2.3 Komma *(Comma)*

Beispiele:

1 The meal was awful, so we asked for a rebate.
Das Essen war furchtbar, also haben wir um einen Preisnachlass gebeten.

2 Unfortunately, several guests saw what was going on.
Leider haben mehrere Gäste mitbekommen, was passierte.

3 The waiter was annoyed – not with us, of course, but with the cook.
Der Kellner war sauer – nicht auf uns natürlich, sondern auf den Koch.

4 If guests don't complain, the food will never improve.
Wenn die Gäste sich nicht beschweren, wird das Essen nie besser.

5 It was quite embarrassing when the cook came to speak to us.
Es war ziemlich peinlich, als der Koch kam, um mit uns zu sprechen.

6 He said all the guests who he had asked were fully satisfied.
Er sagte, dass all die Gäste, die er gefragt hatte, völlig zufrieden waren.

7 Another guest, who often visited the restaurant, supported the cook.
Ein anderer Gast, der das Restaurant oft besuchte, unterstützte den Koch.

8 Then somebody said, "They're just trouble-makers who don't want to pay."
Dann sagte jemand: „Die sind nur Unruhestifter, die nicht bezahlen wollen."

■ Im Englischen markiert das Komma in erster Linie eine Sprechpause, um das Lese- bzw. Hörverständnis zu erleichtern. Daher hängt seine Anwendung oft von dem Verfasser ab [1].

■ Bei vorangestellten Satzadverbien [2] oder dazwischengeschobenen Adverbien [3] werden oft Kommas benutzt, um das Adverb von dem übrigen Satz zu trennen. Dieser Gebrauch ist aber nicht zwingend.

■ Steht der *if*-Teil eines *if*-Satzes an erster Stelle, wird er mit einem Komma von dem **Hauptteil** getrennt [4].
▶ BEACHTE Anders als im Deutschen benutzen wir im Englischen **kein Komma** bei **Nebensätzen** mit *as/because, that, what, when, where, why* usw [5].

■ Wir benutzen **kein Komma** bei **notwendigen Relativsätzen** [6]. **Nicht-notwendige Relativsätze** dagegen werden von dem Hauptsatz durch Kommas getrennt [7].

■ Bei der **direkten Rede** steht im Englischen ein Komma – also kein Doppelpunkt – nach dem einleitenden Verb [8].

3 Die unregelmäßigen Verben *(Irregular verbs)*

Einige wenige unregelmäßige Verben haben auch eine regelmäßige Form auf *-ed*, die zunehmend verwendet wird. In der folgenden Liste wird der Infinitiv solcher Verben mit einem Sternchen (*) markiert.

Infinitiv *(infinitve)*	Präteritum *(past)*	Partizip *(participle)*	deutsch
bear	*bore*	*borne*	(er)tragen
beat	*beat*	*beaten*	schlagen; besiegen
become	*became*	*become*	werden
begin	*began*	*begun*	anfangen
bend	*bent*	*bent*	(sich) biegen; sich beugen
bet	*bet*	*bet*	wetten
bind	*bound*	*bound*	binden, verbinden
bite	*bit*	*bitten*	beißen
blow	*blew*	*blown*	blasen
break	*broke*	*broken*	brechen, zerbrechen
breed	*bred*	*bred*	züchten
bring	*brought*	*brought*	bringen
broadcast	*broadcast*	*broadcast*	senden, übertragen, ausstrahlen
build	*built*	*built*	bauen
*burn**	*burnt, burned*	*burnt, burned*	(ver)brennen
burst	*burst*	*burst*	platzen
buy	*bought*	*bought*	kaufen
cast	*cast*	*cast*	werfen
catch	*caught*	*caught*	fangen
choose	*chose*	*chosen*	wählen, auswählen, aussuchen
cling	*clung*	*clung*	sich klammern, festhalten
come	*came*	*come*	kommen
cost	*cost*	*cost*	kosten
creep	*crept*	*crept*	kriechen, schleichen
cut	*cut*	*cut*	schneiden

Infinitiv *(infinitve)*	Präteritum *(past)*	Partizip *(participle)*	deutsch
deal	*dealt*	*dealt*	handeln; sich beschäftigen
dig	*dug*	*dug*	ausgraben, eingraben
do	*did*	*done*	tun, machen, erledigen
draw	*drew*	*drawn*	zeichnen
*dream**	*dreamt,* *dreamed*	*dreamt,* *dreamed*	träumen
drink	*drank*	*drunk*	trinken, saufen
drive	*drove*	*driven*	fahren
eat	*ate*	*eaten*	essen, fressen
fall	*fell*	*fallen*	fallen, hinfallen
feed	*fed*	*fed*	füttern
feel	*felt*	*felt*	sich fühlen
fight	*fought*	*fought*	kämpfen, bekämpfen
find	*found*	*found*	finden
flee	*fled*	*fled*	fliehen, flüchten
fling	*flung*	*flung*	schleudern
fly	*flew*	*flown*	fliegen
forbid	*forbade*	*forbidden*	verbieten
forget	*forgot*	*forgotten*	vergessen
freeze	*froze*	*frozen*	frieren, einfrieren
get	*got*	*got*	bekommen, erhalten
give	*gave*	*given*	geben, schenken
go	*went*	*gone*	gehen
grind	*ground*	*ground*	mahlen, zerkleinern
grow	*grew*	*grown*	wachsen
hang	*hung*	*hung*	hängen, aufhängen
have	*had*	*had*	haben, besitzen
hear	*heard*	*heard*	hören
hide	*hid*	*hidden*	verstecken
hit	*hit*	*hit*	schlagen, aufprallen

Infinitiv *(infinitve)*	Präteritum *(past)*	Partizip *(participle)*	deutsch
hold	*held*	*held*	halten, festhalten
hurt	*hurt*	*hurt*	verletzen
keep	*kept*	*kept*	aufbewahren; weiter tun
*kneel**	*knelt, kneeled*	*knelt, kneeled*	knien
know	*knew*	*known*	kennen, wissen
lay	*laid*	*laid*	legen, verlegen; hinstellen
lead	*led*	*led*	führen, leiten
*leap**	*leapt, leaped*	*leapt, leaped*	springen, hüpfen
*learn**	*learnt, learned*	*learnt, learned*	lernen
leave	*left*	*left*	verlassen
lend	*lent*	*lent*	ausleihen, verleihen
let	*let*	*let*	lassen
lie	*lay*	*lain*	liegen
*light**	*lit, lighted*	*lit, lighted*	anzünden
lose	*lost*	*lost*	verlieren
make	*made*	*made*	machen, bauen; (ver)anlassen
mean	*meant*	*meant*	bedeuten
meet	*met*	*met*	sich treffen
overcome	*overcame*	*overcome*	überwältigen, überwinden
overtake	*overtook*	*overtaken*	überholen
pay	*paid*	*paid*	(be)zahlen
put	*put*	*put*	setzen, stellen, legen
*quit**	*quit, quitted*	*quit, quitted*	verlassen; aufhören
read	*read*	*read*	lesen
retell	*retold*	*retold*	nacherzählen
ride	*rode*	*ridden*	reiten, Rad fahren

Infinitiv *(infinitve)*	Präteritum *(past)*	Partizip *(participle)*	deutsch
ring	*rang*	*rung*	läuten, klingeln, anrufen
rise	*rose*	*risen*	an-/aufsteigen; aufgehen (Sonne)
run	*ran*	*run*	laufen, rennen
say	*said*	*said*	sagen
see	*saw*	*seen*	sehen
seek	*sought*	*sought*	suchen
sell	*sold*	*sold*	verkaufen
send	*sent*	*sent*	senden, schicken
set	*set*	*set*	setzen; untergehen (Sonne)
*sew**	*sewed*	*sewn, sewed*	nähen
shake	*shook*	*shaken*	schütteln
shine	*shone*	*shone*	scheinen (Sonne); leuchten
shoot	*shot*	*shot*	erschießen, anschießen
show	*showed*	*shown*	zeigen
shut	*shut*	*shut*	schließen, zumachen
sing	*sang*	*sung*	singen
sink	*sank*	*sunk*	sinken, versenken
sit	*sat*	*sat*	sitzen
sleep	*slept*	*slept*	schlafen
slide	*slid*	*slid*	rutschen
*smell**	*smelt, smelled*	*smelt, smelled*	riechen, duften
speak	*spoke*	*spoken*	sprechen
*spell**	*spelt, spelled*	*spelt, spelled*	buchstabieren
spend	*spent*	*spent*	(Geld) ausgeben; (Zeit) verbringen
spit	*spat*	*spat*	spucken
spoil	*spoilt, spoiled*	*spoilt, spoiled*	verderben; verwöhnen
spread	*spread*	*spread*	sich ausbreiten, sich verbreiten
stand	*stood*	*stood*	stehen

Infinitiv *(infinitve)*	Präteritum *(past)*	Partizip *(participle)*	deutsch
steal	*stole*	*stolen*	stehlen
stick	*stuck*	*stuck*	kleben
sting	*stung*	*stung*	stechen
stink	*stank*	*stunk*	stinken
strike	*struck*	*struck*	schlagen; treffen (Blitz); streiken
strive	*strove*	*striven*	sich (hart) bemühen; kämpfen
swear	*swore*	*sworn*	schwören
sweep	*swept*	*swept*	kehren, fegen
swim	*swam*	*swum*	schwimmen
swing	*swung*	*swung*	schwingen
take	*took*	*taken*	nehmen
teach	*taught*	*taught*	unterrichten, lehren
tear	*tore*	*torn*	reißen, zerreißen
tell	*told*	*told*	erzählen, mitteilen, sagen
think	*thought*	*thought*	denken, meinen
throw	*threw*	*thrown*	werfen
understand	*understood*	*understood*	verstehen
upset	*upset*	*upset*	erschüttern; verärgern
wake up	*woke up*	*woken up*	aufwachen
wear	*wore*	*worn*	tragen; anhaben
weep	*wept*	*wept*	weinen
wet	*wet*	*wet*	befeuchten
win	*won*	*won*	gewinnen
write	*wrote*	*written*	schreiben

4 Alphabetische Liste der grammatischen Begriffe *(Alphabetic list of grammatical terms)*

Grammatischer Begriff (deutsch)	Grammatischer Begriff (englisch)	Beispiel
Aktiv	*active*	Joe's dad repairs cars.
Adjektiv	*adjective*	Bonzo is a nice dog.
Adverb	*adverb*	Bonzo runs very quickly.
▸ Häufigkeitsadverb	*adverb of frequency*	We often watch TV.
▸ Ortsadverb	*adverb of place*	I live in York.
▸ Satzadverb	*sentence adverb*	Of course I like you.
▸ Zeitadverb	*adverb of time*	Kim comes home at 4.30.
Artikel	*article*	
▸ bestimmter Artikel	– *definite article*	The dog is in the garden.
▸ unbestimmter Artikel	– *indefinite article*	An apple is a kind of fruit.
Aussage	– *statement*	
▸ bejahte Aussage	– *affirmative statement*	Bonzo is the Hunt's dog.
▸ verneinte Aussage	– *negative statement*	Ben cannot ski very well.
Fragewort	*question word*	Where is Bonzo?
Futur	*future*	
▸ *going to*-Futur	– going to-*future*	We are going to buy a house.
▸ *will*-Futur	– will-*future*	I will see you later.
Gegenwart	*present*	
▸ einfache Form der Gegenwart	*simple present*	We go to school every day.
▸ Verlaufsform der Gegenwart	*present progressive*	Dad is washing the car.
Genitiv	*genitive*	
▸ -*'s*-Genitiv	– -'s-*genitive*	Kim is Joe's sister.
▸ *of*-Genitiv	– of-*genitive*	What's the name of the town?

Grammatischer Begriff (deutsch)	Grammatischer Begriff (englisch)	Beispiel
Imperativ (Befehlsform)	*imperative*	Sit down and be quiet, please.
Infinitiv	*infinitive*	We want to go home now.
Konjunktion (Bindewort)	*conjunction*	We can watch TV or play a game.
konkretes Nomen	*concrete noun*	car, dog, house, school
Konsonant	*consonant*	b, c, d, f, g, h, j, k, l and so on
Nomen	*noun*	My dad is a reporter.
Objekt	*object*	
▸ direktes Objekt	*– direct Object*	Children love ice-cream.
▸ indirektes Objekt	*– indirect Object*	Mum gave Kim some ice-cream.
Partizip Perfekt (3. Form)	*past participle*	Has Mum gone to work yet?
Person	*person*	The first person plural is we.
Personalpronomen	*personal pronoun*	We met them in town.
▸ Objektform/ -pronomen	*– object form*	Ben saw her in town.
▸ Subjektform/ -pronomen	*– subject form*	He plays football.
Plural	*plural*	We have two dogs and three mice.
Possessivbegleiter	*possessive adjective*	This is my brother, Joe.
Prädikat	*predicate*	We are doing our homework.

Grammatischer Begriff (deutsch)	Grammatischer Begriff (englisch)	Beispiel
Präposition	*preposition*	
▸ Präposition des Ortes	*preposition of place*	The Hunts are in New York.
▸ Präposition der Zeit	*preposition of time*	We go to school at 8.30.
Pronomen	*pronoun*	We saw him take it.
Singular	*singular*	I ate an apple and a banana.
Subjekt	*subject*	My English teacher is quite nice.
Vergangenheit	*past*	
▸ einfache Form der Vergangenheit	*simple past*	I went to the movies yesterday.
▸ Verlaufsform der Vergangenheit	*past progressive*	Kim was cooking the lunch.
Verneinung	*negative form*	I don't like fish much.
Vokal	*vowel*	a, e, i, o, u

5 Übersicht der englischen Zeiten *(Overview of English tenses)*

1 Simple present *(einfache Form der Gegenwart)*

Active *(aktiv)*	Passive *(passiv)*
▸ Janna **gets up** at 7 o'clock. ▸ Janna and Hank **live** in Los Angeles.	▸ English **is spoken** everywhere. ▸ These cars **are made** in Japan.

2 Present progressive *(Verlaufsform der Gegenwart)*

Active *(aktiv)*	Passive *(passiv)*
▸ Luna **is playing** in the park. ▸ Janna and Hank **are having** lunch.	▸ My computer **is being repaired** today. ▸ The rolls **are being baked** at the moment.

3 Simple past *(einfache Form der Vergangenheit)*

Active *(aktiv)*	Passive *(passiv)*
▸ Luna **went** to the vet's yesterday. ▸ The Greens **worked** in the garden yesterday.	▸ Hank's computer **was repaired** by a friend. ▸ These houses **were built** by my grandfather.

4 Past progressive *(Verlaufsform der Vergangenheit)*

Active *(aktiv)*	Passive *(passiv)*
▸ Luna **was playing** in the garden. ▸ The cars **were going** much too fast when the accident happened.	▸ The castle **was being repaired** when we visited it. ▸ The players **were being trained** at the time.

5 Present perfect simple *(einfache Form des Perfekts)*

Active *(aktiv)*	Passive *(passiv)*
▸ Janna **has finished** her homework now. ▸ They **have lived** in France for 12 years.	▸ The house **has** just **been sold** to a family from London. ▸ These computers **have been repaired** several times.

6 Present perfect progressive *(Verlaufsform des Perfekts)*

Active *(aktiv)*	Passive *(passiv)*
▸ Mrs Snow **has been waiting** for hours. ▸ They **have been doing** their exams all week.	▸ This road **has been being repaired** for months. ▸ The men **have been being interviewed** by the police all night.

7 Past perfect simple *(einfache Form des Plusquamperfekts)*

Active *(aktiv)*	Passive *(passiv)*
▸ Janna **had gone** home when I called. ▸ When we arrived, they **had begun** the lesson.	▸ The scooter **had been sold** when I called. ▸ The letters **had been sent** to the wrong address.

8 Past perfect progressive *(Verlaufsform des Plusquamperfekts)*

Active *(aktiv)*	Passive *(passiv)*
▸ The child **had been waiting** for ages before a doctor came. ▸ Tom said they **had been doing** exams the whole week.	▸ She told us that the road **had been being repaired** for months. ▸ The TV report said that the men **had been being interviewed** by the police all night.

9 Will-future (future simple) *(will-Futur [einfache Form des will-Futurs])*

Active *(aktiv)*	Passive *(passiv)*
▸ I **will see** you at school, okay? ▸ I hope that we **will win** the match.	▸ I expect my room **will be decorated** by my dad. ▸ We **will be taken** to our hotel by bus.

10 Going to-future *(going to-Futurs)*

Active *(aktiv)*	Passive *(passiv)*
▸ It **is going to snow** tonight. ▸ The Greens **are going to sell** their house.	▸ My room **is going to be decorated** by my dad. ▸ These old houses **are going to be pulled down** soon.

11 Future progressive *(Verlaufsform des Futurs)*

Active *(aktiv)*	Passive *(passiv)*
▸ On Thursday at 10 I **will be flying** to Berlin. ▸ This time tomorrow we **will be playing** the big match.	▸ Tomorrow at 3 I **will be being examined** by a doctor. ▸ This time next week we **will be being taken** to the airport by taxi.

12 Future perfect *(einfache Form des vollendeten Futurs)*

Active *(aktiv)*	Passive *(passiv)*
▸ I **will have finished** these letters by 5. ▸ They **will have arrived** by the time we get there.	▸ The car **will have been repaired** by the time we go on holiday. ▸ All the votes **will have been counted** by midday tomorrow.

13 Conditional 1 *(Konditional 1)*

Active *(aktiv)*	Passive *(passiv)*
▸ I **would come** to your party if I had the time. ▸ We **would go** on holiday if we had the money.	▸ This car **would be sold** if it cost less. ▸ They **would be paid** more if they worked harder.

14 Conditional 2 *(Konditional 2)*

Active *(aktiv)*	Passive *(passiv)*
▸ I **would have come** to your party if I had had the time. ▸ We **would have gone** on holiday if we had had the money.	▸ This car **would have been sold** if it had cost less. ▸ They **would have been paid** more if they had worked harder.

Jeder der folgenden Tests deckt ein bestimmtes Wissensgebiet ab. Indem du die Tests durcharbeitest, gewinnst du Sicherheit. Solltest du mit bestimmten Aufgaben nicht zurechtkommen, dann wiederhole den Stoff der angegebenen Kapitel im Wissensteil des Buches. Auf Seite 98 – 102 findest du Aufgabenstellungen, die an die Prüfungsfragen der zentralen Abschlussprüfungen oder Leistungsfeststellungen in Klasse 10 angelehnt sind.

Test 1

1 Setze die modalen Verben in die Zeit, die in den Klammern angegeben ist. Achte auch auf die angegebenen Funktionen. Schreibe auf einen Zettel.

1 I ____ (must/buy) a new printer last week. (past)
2 The doctor's out. You ____ (must/come) back tomorrow, I'm afraid. (*will*-future)
3 ____ (you + can/drive) a car at the age of 15 in Arizona? (present, Erlaubnis)
4 ____ (the students + can/go) dancing when they're in Rome? (*will*-future, Erlaubnis)
5 Luckily we ____ (can/find) a taxi yesterday. (past, Fähigkeit)
6 Josey ____ (cannot/come) to the party. She's ill. (*will*-future, Fähigkeit)

2 Vervollständige die Sätze mit den englischen Übersetzungen der deutschen Verben. Schreibe auf einen Zettel.

1 We ____ the computer room today so we ____ do something else. *(nicht benutzen können; werden machen müssen)*
2 My swimming trainer says that I ____ at least five kilos. *(verlieren müssen)*
3 Shops ____ beer to children, but what about alcopops? *(nicht verkaufen dürfen)*
4 A ban on smoking ____ smokers to give up smoking. *(helfen könnten)*
5 We ____ 30 minutes for our Biology teacher yesterday. *(warten müssen)*
6 Do you think we ____ the new fitness machines later? *(benutzen können)*
7 I'm sorry. I ____ swimming next Friday after all. *(kommen können)*
8 It's a pity but I ____ my appointment tomorrow. *(ändern müssen)*

3 Wähle die richtige Form des Verbs, a oder b.
Schreibe auf einen Zettel.

1 The Parkers **a)** have moved – **b)** moved to Kennedy Avenue last year.
2 They **a)** have been repairing – **b)** have repaired this road for years.
3 **a)** Did you see – **b)** Have you seen this movie yet?
4 Lee **a)** has been playing – **b)** played computer games all day.
5 We **a)** didn't take – **b)** haven't taken a map with us when we went on holiday.
6 The detective **a)** has stopped – **b)** stopped the boy as he was leaving the shop.

4 Wähle die richtige Futurform, a) oder b).
Schreibe auf einen Zettel.

1 Ann and Bob **a)** are going to buy – **b)** will buy a new TV.
2 Look at that red van. It **a)** is going to hit – **b)** will hit the wall.
3 Maybe I **a)** am going to – **b)** will go to work after all.
4 **A:** Oh, dear! I've forgotten my dictionary.
B: Don't worry. I **a)** am going to lend – **b)** will lend you mine.
5 Roger **a)** is having – **b)** has a party next month.
6 The plane to Boston **a)** is taking off – **b)** takes off an hour earlier on Fridays.

5 Übersetze die Sätze ins Englische. Verwende *will, going to* oder eine Zeitform des Präsens mit zukünftiger Bedeutung.
Schreibe auf einen Zettel.

1 Wird Julie dicker oder bekommt sie ein Baby?
2 Ich glaube nicht, dass die Firma nach Polen umziehen wird.
3 Pass auf! Der Bus hält gleich an.
4 Nächsten Freitag fährt Tom in Urlaub.
5 Samstags schließen die meisten Supermärkte um 6 Uhr.
6 Wir haben vor, uns einen Hund anzuschaffen.

Falls du Mühe hattest, diesen Test zu bearbeiten, solltest du die Kapitel 1 – 3 auf Seite 22 – 27 wiederholen.

Test 2

1 Setze die Aktivsätze in die Passivform um. Verwende dabei keinen *by-agent*. Schreibe auf einen Zettel.

1 Somebody sent Janna a big box of chocolates.
2 The firm promised the workers two days off.
3 The hosts showed their guests their holiday photos.
4 The hotel lent guests bikes during their stay.
5 The teacher told the children an adventure story.
6 The travel agency offered us a quieter room.

2 Vervollständige die Sätze mit der richtigen Passivform der Verben in den Klammern. Verwende immer eine Progressivzeit. Schreibe auf einen Zettel.

1 Can you give me a lift? My car ____ (repair) today.
2 How long ____ (this software/develop)?
It's been four years now, hasn't it?
3 The Forth Bridge in Scotland ____ (paint) ever since it opened in 1892.
4 As my own office ____ (still + decorate), I shared an office for a week.
5 ____ (the new kitchen/deliver) today or tomorrow?
6 Surely your hotel ____ (still + not build) during your holiday!

3 Setze die Aktivsätze in die Passivform um. Verwende einen *by-agent* nur, wenn nötig. Schreibe auf einen Zettel.

1 They sent us an invitation to a fashion show.
2 The store promised customers a 20% discount.
3 They always show visitors around their lovely house.
4 The police gave me enough petrol to get home.
5 Many patients don't tell doctors the full truth.
6 They'll offer you a free meal if you complain.

4 Setze die richtige Form des fehlenden Verbs in die Sätze ein. Schreibe auf einen Zettel.

1 I'll collect you from the airport if you ____ (tell) me your flight number.
2 If they ____ (call) an ambulance at once, the victim wouldn't have died.
3 Of course I ____ (answer) the phone if I had heard it.
4 If I went to America, I ____ (definitely + visit) the Grand Canyon.
5 ____ (you/really + use) the bus if you had a car?
6 We ____ (not be able to go) on holiday if we don't save more money.

5 Setze die richtige Form der Verben in die Sätze ein. Verwende den angegebenen Typ, I, II oder III. Schreibe auf einen Zettel.

1 Jim ____ to the meeting if he ____ time. *(Typ I, go, have)*
2 If politicians ____ so much money, people ____ willing to pay higher taxes. *(Typ II: not waste, be)*
3 If we ____ the order, we ____ more staff. *(Typ III, win, hire)*
4 Peace talks ____ at once if both countries ____ more reasonable. *(Typ II, start, be)*
5 Many Britons ____ the EU if they ____ what it really meant. *(Typ III, not want to join, understand)*

Falls du Mühe hattest, diesen Test zu bearbeiten, solltest du das Kapitel 4 auf Seite 28/29 wiederholen.

Test 3

1 Britische Schülerinnen stellen einem amerikanischen Austauschschüler Fragen über seine Schule in den USA. Teile deiner Schülerzeitung mit, welche Fragen gestellt wurden. Verwende *Somebody/ Someone + asked/wanted to know/wondered* als einleitende Verben. Schreibe auf einen Zettel.

1 "How many students and teachers are there at your school?"
2 "Are there special school buses in the USA?"
3 "Do you have to wear a school uniform?"
4 "Do your teachers give you much homework?"
5 "How long are lessons at your school?"
6 "Do you have exams at the end of the school year?"
7 "What time does school start and finish?"
8 "Do you have a school canteen or do you have to bring sandwiches?"

2 Teile einem Dritten mit, was die Umweltberaterin über Energiesparmaßnahmen sagte. Verwende die einleitenden Verben *advised us/her audience/listeners (not)/asked us/… (not)/… (not)* und *told us/… (not)*. Schreibe auf einen Zettel.

1 "Don't heat bedrooms except when it is really cold."
2 "Switch off the heating in kitchens when you're cooking."
3 "Don't buy silly gadgets like electric tin-openers."
4 "Serve uncooked meals like salads two or three times a week."
5 "Remember to switch off lights."
6 "Don't use stand-by switches on TVs and CD players."
7 "Walk or cycle rather than use a car or scooter."
8 "Don't overheat rooms. Set the thermostat at 18°."

3 Setze die Sätze in die indirekte Rede.
Benutze die Verben in der Klammer. Schreibe auf einen Zettel.

1 Ben: Will high oil prices make further price cuts impossible? (want to know)
Ben **a)** ____ high oil prices **b)** ____ further price cuts impossible.

2 Sally: Minister, is it true that you're going to give more help to farmers? (ask)
Sally **a)** ____ **b)** ____ going to give more help to farmers.

3 Sue: Ms Fox, did your company invest even more in advertising last year? (ask)
Sue **a)** ____ company **b)** ____ even more in advertising **c)** ____.

4 Liz: Is it right to build swimming pools when some people don't have enough water to drink? (want to know)
Liz **a)** ____ right to build swimming pools when some people **b)** ____ enough water to drink.

5 Please read the instructions before using the new machine. (tell/me)
The boss ____ the instructions before using the new machine.

6 Please speak English or a lot of people won't understand you. (ask/Jules Duval)
A journalist **a)** ____ English because otherwise a lot of people **b)** ____.

7 Don't smoke during the meeting, please. (tell/us)
A secretary ____ during the meeting.

8 Don't park your car on the pavement, please. (tell/Ann)
A police officer ____ car on the pavement.

Falls du Mühe hattest, diesen Test zu bearbeiten, solltest du die Kapitel 5/6 auf Seite 30 – 35 wiederholen.

Test 4

1 Wähle die richtige Alternative, a) oder b). Schreibe auf einen Zettel.

1 Annie **a)** will have worked – **b)** works here for 40 years on 10 May.
2 Ben says he **a)** finishes – **b)** will have finished the work by the weekend.
3 **a)** Has Tim learnt – **b)** Will Tim have learnt his words by the time we have a test?
4 The last bus **a)** has left – **b)** will have left if we don't hurry.
5 They **a)** will not have cleaned – **b)** will not clean the hotel room by the time we arrive.

3 Vervollständige die Sätze mit einem Infinitiv oder einer *-ing*-Form je nach Bedeutung. Schreibe auf einen Zettel.

1 Do you remember ____ (watch) the sunset in Spain?
2 I hope you remembered ____ (phone) Aunt Helen.
3 Please don't forget ____ (water) the plants, okay?
4 You can forget ____ (have) a day off, Sally. Several people are ill.
5 A lot of people stop ____ (have) a beer on their way home from work.

2 Setze die Verben in den angegebenen Zeiten ein. Schreibe auf einen Zettel.

future progressive:

1 This time next week we ____ (drive) to Holland.
2 I hope the trainees ____ (not do) the same thing all the time.
3 ____ (Janet + tell) us about new products at the meeting?

future perfect:

4 Sally Watts says she ____ (type) the letters by 4 o'clock.
5 The mechanic ____ (not repair) our car by the weekend.
6 ____ (you + do) your homework by the time the film starts?

4 Setze eine *-ing*-Form oder einen Infinitiv in die Sätze ein. Achte auf das einleitende Verb. Schreibe auf einen Zettel.

1 We can't afford ____ (go) on holiday this year.
2 The man denied ____ (drive) too fast.
3 The Garners hope ____ (meet) Tom at the party.
4 I missed ____ (see) the film on TV.

5 **Setze eine *-ing*-Form oder einen Infinitiv in die Sätze ein. Achte auf die Bedeutung. Schreibe auf einen Zettel.**

1 Are you sure Jim was at the meeting? I don't remember ____ (see) him.
2 Did you remember ____ (phone) Sally about the party?
3 Don't tell me you forgot ____ (switch) off the cooker!
4 I can forget ____ (go) away at Christmas. I have too much work.
5 I stopped ____ (buy) some coke on my way to school.
6 Stop ____ (shout)! I'm not deaf, you know.
7 We tried ____ (get) some rolls but they were sold out.
8 Why doesn't Jack try ____ (be) more polite? He would find life much easier.

6 **Übersetze die Sätze ins Englische. Verwende dabei Strukturen mit Partizipien. Schreibe auf einen Zettel.**

1 Michaels Hund kam den Hügel hinuntergerannt.
2 Joshua saß in der Küche und hörte Radio.
3 Maria lag weinend auf dem Bett.
4 Morgen wollen wir schwimmen gehen.
5 Während Jack wartete, las er eine Zeitung.
6 Weil wir uns verspätet hatten, fuhren wir mit dem Auto.

7 **Ersetze den Relativsatz durch eine Partizipialstruktur. Schreibe auf einen Zettel.**

Beispiel:

▶ I asked a woman who was waiting for the bus the time.
▷ *waiting for the bus*

1 The boys who were caught stealing go to my school.
2 The car that was damaged in the storm belongs to my dad.
3 The church that was built in 1043 has burnt down.
4 The computers that were delivered yesterday are all broken.
5 The dog that is playing with the little boy is called Fido.
6 The woman who is buying an ice-cream is our teacher.

Falls du Mühe hattest, diesen Test zu bearbeiten, solltest du die Kapitel 3/4 auf Seite 41 – 45 wiederholen.

Test 5

1 Bei diesem Test handelt es sich um die Form und Gestaltung eines modernen englischen Geschäftsbriefes. Wähle die jeweils richtige Alternative, a), b) oder c). Schreibe auf einen Zettel.

1 **In private letters, we generally put the sender's address**
   a top right with name
   b at the top in the middle of the page
   c top right without name.

2 **In the American block form, we position the date**
   a on the left above the inside address
   b on the right below the sender's address
   c on the left below the inside address.

3 **In the block form, we use**
   a no commas at all
   b no commas except in the letter/text itself
   c no commas in addresses.

4 **If you want to find out easily how to write addresses in almost any country in the world, you can go to the website of**
   a any search machine
   b the Deutsche Post
   c the Universal Postal Union.

5 **The commonest way of writing the date in modern English business letters is, for example,**
   a 15th May, 2006
   b May 15th, 2006
   c 15 May 2006.

6 **It is unwise to use all-number dates in business letters because they mean different things in**
   a Europe and the USA
   b Europe, North America and some Asian countries
   c Europe, Africa and Latin America.

7 **Nowadays, the subject line is usually written**
- a immediately before the salutation
- b immediately after the salutation
- c immediately above the inside address.

8 **If you don't know the name of the addressee *(Empfänger)*, then start your letter with the impersonal salutation**
- a Dear Sir or Madam
- b Dear Sirs or Mesdames
- c Dear Sir.

9 **If you use a personal salutation such as 'Dear Ms Wood', then you should close with**
- a Yours faithfully
- b Yours sincerely
- c Yours ever.

10 **If the addressee is a good personal friend instead of a more formal complimentary close you can use**
- a All the best, as ever
- b With best regards/wishes
- c Love from.

2 Dieser Brief von Mrs Budd an Peter Fox (s. Musterbrief, S. 260) ist vollständig, aber die Wörter sind in der falschen Reihenfolge. Bringe den Brief in die richtige Reihenfolge und verwende die amerikanische Blockform. Schreibe auf einen Zettel.

Alice Budd – Bungay, Suffolk – **Confirmation of reservation** – Dear Mr Fox – 5 Cliff Road – NR32 6TZ – NR35 1RR – Sheringham, Norfolk – Sunny Days Hotel – 30 April 20.. – 24 Manor Road – Yours sincerely

I am pleased to confirm the reservation of a double room with third bed from 1 to 14 August 20..

I look forward to welcoming you in August and am sure that you will be completely satisfied.

Please understand that because of cleaning, rooms are not available on the day of arrival (1 August) until 3 pm and should be vacated by not later than 11 am on the day of departure (14 August).

Thank you for your letter of 22 April 20..

3 **Lies zuerst den Zeitungsbericht durch. Dann mache dir eine Liste mit den wesentlichen Informationen, die du für die Zusammenfassung des Berichtes brauchst. Schreibe auf einen Zettel.**

THE LATEST UK crime statistics suggest[1] that a 46% rise in street crime among young people is largely caused by the theft of pay-as-you-go mobile phones from very young children.

According to Detective Inspector James Sutton of London's Street Crime Unit, the big problem, as in the case of most petty crime[2], is opportunity[3]. "The theft of mobile phones is a good example of the saying 'Opportunity makes the thief', "he told reporters at a press conference in Camden Town yesterday. "Mobile phones are small, light and easy to steal, and their young owners are often unable to defend[4] themselves," he said.

When asked why this kind of crime has increased[5] so much in the last few years, DI Sutton said that a main reason was that anxious[6] parents gave prepaid mobile phones to their very young children. These parents were frightened of street violence[7], of course, and wanted to give their children the possibility of calling for help. "Sometimes children as young as five or six have these expensive phones," he said, "but I'm afraid these parents are in fact making their children easy prey[8] for thieves."

1 (hier:) *deutlich machen*
2 *Kleinkriminalität*
3 *Gelegenheit*
4 *verteidigen*
5 *zunehmen*
6 *ängstlich*
7 *Straßengewalt*
8 *Beute*

4 Benutze das *simple past* von *be* und die vorgegebenen Verben, um den Zeitungsbericht mit den fehlenden Passivformen zu vervollständigen. Schreibe auf einen Zettel.

Cambridge, Mon. There was nearly a tragic accident yesterday afternoon in Duke Street. Four-year-old Hilary Carter ____ (hit)[1] by a blue Fiat and ____ (throw)[2] into the path of a bus that was travelling in the opposite direction.
By an amazing (*erstaunlich*) piece of luck, little Hilary ____ (not run)[3] over. She was small enough to go between the wheels of the bus. The car driver did not stop, but the car ____ (later + see)[4] in Jesus Lane, where it ____ (find)[5] by the police.

The owner of the car ____ (take)[6] to the police station in St Andrew's Street, but he ____ (soon + allow)[7] to leave again. His Fiat had been stolen earlier in the day from the car park in Lion Yard.

An ambulance ____ (call)[8] and Hilary and her mother ____ (drive)[9] to hospital. Reporters ____ (tell)[10] by doctors last night that she was 'as well as ____ (can expect)[11]'. They added, however, that she ____ (badly + not injure)[12].

Falls du Mühe hattest, diesen Test zu bearbeiten, solltest du die Kapitel 1 – 6 auf Seite 46 – 56 wiederholen.

Test 6

1 Hier handelt es sich um Nomen und Adverbien. Übersetze die Sätze ins Deutsche. Schreibe auf einen Zettel.

1. A house near our office nearly burnt down.
2. Most dogs are usually friendly.
3. The doctor examined the child thoroughly.
4. The new furniture has just arrived.
5. The police are stopping all foreign trucks.
6. Where are the scissors, please?

2 Hier geht es um Zeiten. Übersetze die unterstrichenen Satzteile ins Deutsche. Schreibe auf einen Zettel.

1. Clare has just bought a scooter.
2. I have been waiting to see a doctor since 3 o'clock.
3. I have worked for Carr & Co for two years.
4. I think it's going to snow in a minute.
5. My school is moving into a new building next year.
6. The Greens have been working in their garden for days.

3 Bei dieser Übung handelt es sich um Passivformen. Übersetze die unterstrichenen Satzteile ins Deutsche. Schreibe auf einen Zettel.

1. It is thought that the prime minister is ill.
2. It was reported that ten people were hurt in the accident.
3. John is said to have lost his job.
4. Peugeot cars are made in France.
5. Pocket calculators may not be used in Maths tests.
6. Several cars were damaged by demonstrators.

4 Hier handelt es sich um Gerundien, Infinitive und Partizipialstrukturen. Übersetze die unterstrichenen Satzteile ins Deutsche. Schreibe auf einen Zettel.

1. Do you mind coming back in about an hour?
2. Jack was very rude when talking to Jane.
3. More and more people are choosing to stay single.
4. People riding motorbikes must wear helmets.
5. The firm can't afford to employ more workers.
6. The man our dog attacked is a policeman.
7. This is the house damaged in the storm.
8. Unfortunately, Tom delayed seeing a doctor for several weeks.

Test 7

1 Übersetze die Sätze ins Deutsche. Schreibe auf einen Zettel.

1 After an hour, I at last saw the doctor.
2 Ben is very sociable. He spends a lot of time with other people.
3 Can you lend me this DVD, please?
4 Gas is more economical than oil, isn't it?
5 Of course party politicians aren't disinterested.
6 Sally is feeling miserable because of Jack's behaviour.
7 She didn't get the job although she had the best qualifications.
8 The Chelsea fans behaved just as badly as the Arsenal ones.

2 Welcher der beiden Sätze weist die richtige bzw. die geläufigste Zeichensetzung auf? a oder b? Schreibe auf einen Zettel.

1 **a** An older woman, who was sitting on a park bench, saw everything.
b An older woman who was sitting on a park bench saw everything.
2 **a** As a rule, lessons start at 9 o'clock.
b As a rule lessons start at 9 o'clock.
3 **a** Ben said "I went out with Sally last Saturday."
b Ben said, "I went out with Sally last Saturday."
4 **a** If you go to the end of the road you'll see the post office on your left.
b If you go to the end of the road, you'll see the post office on your left.
5 **a** It was Jack of course who complained.
b It was Jack, of course, who complained.
6 **a** Julie said she'd come round at about 3.
b Julie said, she'd come round at about 3.
7 **a** Sue was terrified, when the man took out a knife.
b Sue was terrified when the man took out a knife.
8 **a** The film was so awful that we left before the end.
b The film was so awful, that we left before the end.

Prüfungsfragen: Leseverstehen, Wortschatz, Schreiben

Theme: Different places, different lives

The two texts below are about a region in the far north of Canada called Nunavut. Read the texts and answer the questions.

About Nunavut

Nunavut is the newest region of Canada. It became a separate region in 1999. It is also the largest region – over 2 million square kilometres. However, only 30,000 people live here (over 80 million live in Germany). The country is extremely cold and the winters are long and dark. The capital of the region is Iqaluit. Around 85 per cent of the people who live in Nunavut are the native people of this part of northern America. They are the Inuit. The name Nunavut means "Our Land" in Inuktitut, the language of the Inuit.

Benji Annanak, 16, from northern Canada goes to school by snowmobile. The temperature where he lives is often –50° C.

The part of Canada where I live is called Nunavut. It's in the far north of the country and up here it's COLD! The school I go to has 200 students, all kids from Igloolik (the town where I live), from the age of five to 18. Before they built the school ten years ago we all had to go to another town a hundred miles away and live there for nine months of the year, so it's good now that we can stay at home. The language we speak in school is English. We have more or less the same lessons as kids everywhere in Canada and when we're 18 we can get a High School Diploma – also just like other young Canadians. We have the Internet and satellite TV, and there's a restaurant in Igloolik which sells burgers – you see, we're not so different from teenagers everywhere. At the same time, we're also a bit special! We can all speak Inuktitut – it's the language I use when I speak to my mom and dad – and in school we still learn the traditional things which Inuit people have always learned. We learn to fish, to hunt and prepare animals for food, and to make clothes from the animals. Our sports in school are also traditional Inuit sports. My favourite is wrestling. I'm the school champion :-). It's important for us that we don't forget our culture.

Questions on the text

1 Nunavut is the ... region of Canada.

1. ☐ newest and smallest
2. ☐ oldest and coldest
3. ☐ newest and largest
4. ☐ smallest and coldest

2 What is the most important town?

1. ☐ Igloolik
2. ☐ Iqaluit
3. ☐ Inuit
4. ☐ Inuktituk

3 How many of the people who live in Nunavut are native American people?

1. ☐ most
2. ☐ some
3. ☐ all
4. ☐ a few

4 Nunavut is extremely cold. Sometimes the temperature there is ______ .

5 Benji is happy that they built a school in his town ten years ago because

____

6 Three things about Benji's life which are the same as for other young Canadians are:

1. at school ______________________________

____

2. he has ______________________________

3. in his town ______________________________

7 Benji speaks

1. ☐ two different languages at school.
2. ☐ one language at school and another at home.
3. ☐ two different languages at home.
4. ☐ one language when he's on the Internet and another at school.

8 Benji is the best person in his school at

1. ☐ fishing.
2. ☐ swimming.
3. ☐ hunting.
4. ☐ wrestling.

9 Learning about traditional sports, hunting and making clothes from animals are important for Benji and other young Inuit people because

____

____

10 Find words that mean the opposite.

1.	The climate of a place can be	hot or	cold ______
2.	It can be	wet or	______
3.	A town or city can be	in the north or	the ______
4.	Travelling around a country can be	easy or	______
5.	The scenery can be	hilly or	______

6. A country can have a	tiny or a	_______ population.
7. Cities can be	noisy or	_______________
8. They can be	clean or	_______________
9. For tourists, they can be	safe or	_______________
10. The buildings you see can be	historic or	_______________
11. The people of a place can be	welcoming or	_______________
12. A place can be	like your country or	_________ to it.

11 The words and expressions below can all be used to compare people, places, lifestyles etc. Choose the best expressions to complete the sentences. Use each word or expression only once.

very different to	however	one of the biggest differences between
but	more/less	there's a big contrast

1. In the country where I live it's never extremely cold in the winter, _______ in Nunavut the temperature sometimes falls to –50°!
2. I normally go to school by bike. Some kids in northern Canada, _________ _________, go to school by snowmobile.
3. _______________________________ my life and the life of people in some other countries is that in Germany we don't go to school every afternoon.
4. I think Benji's life is ____________________ interesting than mine.
5. It's certainly ___________________________________ mine!
6. _______________________________ between my life here in Germany and the lives of teenagers in some other parts of the world.

Test

12 Write an advertisement for Nunavut for a holiday brochure. Write at least 70 words. You could use these headings in your text:
- About the region
- What will you see there?
- How will you travel?
- What clothes should you take?

Nunavut's main airport in Iqaluit. All long-distance travel in Nunavut is by plane.

13 Benji is travelling around Europe and today he is visiting your school. Write an interview with him. Imagine that he is in your class and people are asking him questions. You can use information from the text, but you should also think of other questions for Benji and imagine his answers. Write 100+ words for this question.

14 Choose one of the tasks below. Write 70+ words.
1. Your school has started a project with Benji's school in Nunavut. You are sending emails to the school there and the Canadian pupils are writing emails to your class. Write an email. Compare your life and school with theirs.

or

2. Benji says: "It's important for us that we don't forget our culture." What does he mean by this? Do you agree that it is important that people remember their traditional culture? What sorts of things do people mean when they say "traditional culture" (language, sports, ...)? What things can be done to help people to remember their cultures?

Lösungen

S. 84 Test 1

1
1 had to buy
2 will have to come
3 Can you/Are you allowed to drive
4 Will the students be allowed to go
5 were able
6 couldn't come

2
1 cannot use; will have to do
2 must lose
3 mustn't sell
4 could help
5 had to wait
6 will be able to use
7 will not be able to come
8 will have to change

3
1 b, 2 a, 3 b, 4 a, 5 a, 6 b

4
1 a, 2 a, 3 b, 4 b, 5 a, 6 b

5
1 Is Julie getting fatter or is she going to have a baby?
2 I don't think (that) the firm will move to Poland.
3 Watch out! That/The bus is going to stop.
4 Tom is going on holiday next Friday.
5 Most supermarkets close at 6 on Saturdays.
6 We are going to get a dog.

S. 86 Test 2

1
1 Janna was sent a big box of chocolates.
2 The workers were promised two days off.
3 The guests were shown holiday photos.
4 The guests were leant bikes during their stay.
5 The children were told an adventure story.
6 We were offered a quieter room.

2
1 is being repaired
2 has this software been being developed
3 has been being painted
4 was still being decorated
5 Is the new kitchen being delivered …?
6 was not still being built

3
1 We were sent an invitation to a fashion show.
2 Customers were promised a 20% discount by the store.
3 Visitors are always shown around their lovely house.
4 I was given enough petrol to get home by the police.
5 Doctors are not told the full truth by many patients.
6 You will be offered a free meal if you complain.

4
1 tell
2 had called
3 would have answered
4 would definitely visit
5 Would you really use …?
6 will not be able to go

5
1 will go; has
2 did not waste; would be
3 had won; would have hired
4 would start; were
5 would not have wanted to join; had understood

S. 88 Test 3

1 1 wanted to know how many students and teachers there were at his/her school.
2 wondered if/ whether there were special school buses in the USA.
3 … asked if/whether they had to wear a school uniform.
4 … wanted to know if/whether his/her teachers gave him/her much homework.
5 … asked how long the lessons at his/her school were.
6 … asked if/whether they had exams at the end of the school year.
7 … asked what time school started and finished.
8 … wanted to know if/whether they had a school canteen or had to bring sandwiches.

2 1 … advised us not to heat bedrooms except when it was really cold.
2 … asked her audience to switch off the heating in kitchens when they were cooking.
3 … told us not to buy silly gadgets like electric tin-openers.
4 … advised listeners to serve uncooked meals like salads two or three times a week.
5 … told us to remember to switch off lights and other electrical equipment when we were not using them.
6 … advised her audience not to use stand-by switches on TVs and CD players.
7 … advised us to walk or cycle rather than use a car or scooter.
8 … told her listeners not to overheat rooms and to set the thermostat at 18°.

3 1 a) wanted to know if/whether b) would make
2 a) asked the minister if/whether b) he was
3 a) asked Ms Fox if/whether her b) had invested c) the year before
4 a) wanted to know if/whether it was b) didn't have
5 told me to read
6 a) asked Jules Duval to speak b) wouldn't understand him
7 A secretary told us not to smoke
8 told Ann not to park

S. 90 Test 4

1 1 a, 2 b, 3 b, 4 b, 5 a, 6 a

2 1 will be driving
2 will not be doing
3 Will Janet be telling …?
4 will have typed
5 will not have repaired

3 1 watching
2 to phone
3 to water
4 having
5 to have

4 1 to go
2 driving
3 to meet
4 seeing

5 1 seeing
2 to phone
3 to switch
4 going
5 to buy
6 shouting
7 to get
8 being

6 1 Michael's dog came running down the hill.
2 Joshua sat in the kitchen listening to the radio.
3 Maria lay crying on the bed.
4 We want to go swimming tomorrow.
5 While waiting, Jack read a newspaper.
7 Being late, we went by car.

7 1 caught stealing
2 damaged in the storm
3 built in 1043
4 delivered yesterday
5 playing with the little boy
6 buying an ice-cream

S. 92 Test 5

1 1 c, 2 b, 3 c, 4 c, 5 b, 6 a, 7 a, 8 a, 9 b, 10 c

2

Alice Budd
Sunny Days Hotel
5 Cliff Road
Sheringham, Norfolk
NR32 6TZ

30 April 20..

Mr Peter Fox
24 Manor Road
Bungay, Suffolk
NR35 1RR

Confirmation of reservation

Dear Mr Fox
Thank you for your letter of 22 April 20..
I am pleased to confirm the reservation of a double room with third bed from 1 to 14 August 20..
Please understand that because of cleaning, rooms are not available on the day of arrival (1 August) until 3 pm and should be vacated by not later than 11 am on the day of departure (14 August).
I look forward of welcoming you in August and am sure that you will be completely satisfied.

Yours sincerely

Alice Budd

Alice Budd

3 – latest UK crime statistics – 46% increase in street crime among young people – largely caused by the theft of pay-as-you-go mobile phones from children – mobile phones small and easy to steal – parents give prepaid mobile phones to their very young children – want to protect children from street violence – these parents making children easy pickings for thieves

4 1 was hit
2 was thrown
3 was not run
4 was later seen
5 was found
6 was taken
7 was soon allowed
8 was called
9 were driven
10 were told
11 could be expected
12 was not badly injured

S. 96 **Test 6**

1 1 Ein Haus in der Nähe unseres Büros ist fast niedergebrannt.
2 Die meisten Hunde sind normalerweise freundlich.
3 Der Arzt untersuchte das Kind sorgfältig.
4 Die neuen Möbel sind gerade angekommen.
5 Die Polizei hält alle ausländischen LKWs an.
6 Wo ist die Schere, bitte?

2 1 … hat gerade … gekauft.
2 … warte … seit 3 Uhr.
3 … arbeite … seit zwei Jahren.
4 … wird … schneien.
5 … zieht … um.
6 … arbeiten … seit Tagen.

3 1 Es wird vermutet, dass …
2 Man berichtete, dass …
3 Es wird behauptet, dass John … verloren hat.
4 … werden … hergestellt.
5 … dürfen nicht … benutzt werden.
6 … wurden von Demonstranten beschädigt.

4 1 Haben Sie was dagegen, wenn …
2 … als er mit Jane sprach.
3 … wählen, Single zu bleiben.
4 …, die Motorräder fahren, …
5 … kann es sich nicht leisten … zu beschäftigen.
6 … den unser Hund uns, …
7 … das Haus, das … beschädigt wurde.
8 … verschob … zu sehen.

S. 97 Test 7

1 1 Nach einer Stunde habe ich endlich mit einem Arzt gesprochen.
2 Ben ist sehr gesellig. Er verbringt viel Zeit mit anderen Leuten.
3 Kannst du mir bitte diese DVD ausleihen?
4 Gas ist sparsamer als Öl, nicht wahr?
5 Natürlich sind Parteipolitiker nicht unvoreingenommen.
6 Sally fühlt sich wegen Jacks Benehmen elend.
7 Sie hat den Job nicht bekommen, obwohl sie die besten Qualifikationen hatte.
8 Die Chelsea-Fans haben sich genauso schlecht benommen wie die von Arsenal.

2 1 b, 2 a, 3 b, 4 b, 5 b, 6 a, 7 b, 8 a

Lösungen Prüfungsfragen

S. 97

1. 3

2. 2

3. 1

4. –50° C (minus fifty degrees)

5. before (that) kids had to go to school 100 miles away/live away from home

6. 1 ... he speaks English/he has the same lessons as kids everywhere in Canada.
   2 ... the Internet and satellite TV.
   3 ... there is a restaurant which sells burgers.

7. 2

8. 4

9. ... they don't want to forget their culture.

10. 1 (cold)
    2 dry
    3 south
    4 hard/difficult
    5 flat
    6 large/huge/enormous
    7 quiet/peaceful/calm
    8 dirty/polluted
    9 dangerous
    10 modern/new
    11 unfriendly/cold/hostile
    12 different

11. 1 but
    2 however
    3 One of the biggest differences between
    4 more/less
    5 very different to
    6 There's a big contrast

12. (Lösungsvorschlag)

Visit Nunavut for a very different holiday this year!

About the region

Nunavut is the newest and largest region of Canada. It is in the far north of the country.

What will you see there?

Only 30,000 people live in Nunavut, so it is very wild and empty. You will see beautiful, snowy scenery and animals like polar bears.

How will you travel?

All long-distance travel in Nunavut is by air. You will fly first to Nunavut's capital, Iqaluit.

What clothes should you take?

The temperature in Nunavut can be –50°! You will need very warm ski clothes.

(98 words)

Inhaltliche Bewertung:

Aspekt	Punkte
Interesting introduction	1
Newest and largest region in Canada in the far north	2
Population of 30,000; wild and empty; beautiful scenery, animals like polar bears	3
You can reach Nunavut by air to Iqaluit	2
Temperatures down to –50°; warm ski clothes	2
Good ending	1
Gesamtleistung	11

13. (Lösungsvorschlag)

Class What do you do with your friends in Nunavut in your free time?

Benji We sometimes watch TV or watch movies on the Internet. We go fishing. We hang out in the burger restaurant. At the weekend, we often have races with our snowmobiles.

Class What sports do you like?

Benji I like traditional Inuit sports like wresting. I also watch baseball and football games on TV. In our summer we can sometimes go canoeing too.

Class Do you want to live in Nunavut when you finish high school?

Benji I'm not sure. There are better jobs in other parts of Canada. Perhaps I'll work there for a year or two. But I think Nunavut is really my home.

Class What do you think of Europe?

Benji It's very crowded and very warm!

(134 words)

Inhaltliche Bewertung:

Aspekt	Punkte
Free time?	1
Watch TV or movies on the Internet; fishing; fast food restaurants; snowmobile races Sports?	1
Inuit sports like wrestling, baseball, football, canoeing in summer	4
Stay in Nunavut after high school?	1
Unsure; better jobs in other parts of Canada; Nunavut is the real home	3
Opinion on Europe	1
Crowded and very warm	2
Good ending	1
Gesamtleistung	19

14. 1 (Lösungsvorschlag)

I think there's a big contrast between your school in Igloolik and my school here in Dusseldorf! One of the biggest differences between our schools is the size. There are only 200 pupils at your school. In my school there are nearly 2,000. I think your small school must be nice. At your school you also learn traditional Inuit things like hunting. We don't learn things like that here. The climate in Nunavut is certainly very different to the climate in Germany. I go to school every day by bike, but you go by snowmobile. I think that's more interesting! Personally, I like warm weather. I think Nunavut would be too cold for me.

(114 words)

Inhaltliche Bewertung:

Aspekt	Punkte
Interesting Introduction	1
Big contrast between school in Igloolik and school in Germany	2
Very big difference in size	1
Learn traditional Inuit things like hunting	1
Nothing like that in Germany	1
Climate is very different	1
Germany: go to school by bike; Nunavut: go to school by snowmobile	1
Nunavut can be more interesting	2
Warm weather in Germany is better than cold weather in Nunavut	2
Good ending	1
Gesamtleistung	14

2 (Lösungsvorschlag)
Benji means that he doesn't want to forget that he is an Inuit person although he lives in modern Canada. He thinks it is easy in the modern world to forget traditional things. I agree that this is very important. When people talk about their traditional culture, they often mean their food, their language, their clothes, their traditions and festivals, their music or their literature. People who have a traditional culture are often ethnic minorities in a larger country. We can help these people by understanding that they need to remember their traditions, and by accepting that different people can live together in one country.

(105 words)

Inhaltliche Bewertung:

Aspekt	Punkte
Interesting introduction	1
Benji is an Inuit although he lives in today's Canada	2
Easy to forget traditional culture	2
Traditional things; food, language, clothes, traditions, festivals, music, literature	7
People with a traditional culture are often ethnic minorities	2
Rest of the people can help the minorities not to forget their traditions	2
Accept that different people can live together in one country	2
Good ending	1
Gesamtleistung	19

Stichwortverzeichnis

A

afford ↗ Verb + Infinitiv 39
argumentative Texte und Stellungnahmen 54
▷ Beispiele 54 f.
▷ Form und Struktur 55
▷ Stil 55
ask (bitten)
↗ indirekte Rede, Aufforderungen und Bitten 35
ask ↗ Passiv von Verben mit zwei Objekten 29
Ausrufezeichen
↗ Zeichensetzung 69

B

begin
↗ Verb + Infinitiv oder Gerundium ohne Bedeutungsunterschied 38
believe
↗ *will-* und *going to-*Futur 26
Berichte 53
▷ Anwendung des Passivs 54
▷ Hinweise und Schritte 54
▷ journalistische Fragen 53
▷ Stil 54
Briefe 46
↗ formellere Briefe 47
↗ Privatbriefe 46

C

can/be able to
↗ modale Hilfsverben 23
can/be allowed to
↗ modale Hilfsverben 23
come ↗ Partizip Präsens nach *come, sit, …* 43
continue ↗ Verb + Infinitiv oder Gerundium ohne Bedeutungsunterschied 38

D

decide ↗ Verb + Infinitiv 39
deny ↗ Verb + *ing*-Form 39

F

forecast
↗ *will-* und *going to-*Futur 26
forget ↗ Verb + Infinitiv oder Gerundium je nach Bedeutung 40
formellere Briefe 47
▷ Form 49
▷ Sprache und Stil 50
future perfect 37
▷ Form 37
▷ Fragen 37
▷ Gebrauch 37
▷ Verneinung 37

future progressive 36
▷ Form 36
▷ Fragen 36
▷ Gebrauch 36
▷ Verneinung 36

G

gehobener Stil 67
▷ Gebrauch des Partizips 68
▷ Gebrauch des Passivs 68
▷ Gebrauch längerer Satzgefüge 68
▷ gehobener Wortschatz 67
▷ Langform 68
▷ Vermeidung von abgekoppelten Präpositionen 68
go ↗ Partizip Präsens nach *come, sit,*… 43
going to-Futur 25, 61
↗ *will-* und *going to*-Futur 25
↗ *going to*-Futur und *present progressive* mit zukünftiger Bedeutung 26

H

hate ↗ Verb + Infinitiv oder Gerundium ohne Bedeutungsunterschied 38
hope
↗ *will-* und *going to*-Futur 26
↗ Verb + Infinitiv 39

I

if-Sätze 30
▷ allgemeine Merkmale 31
▷ Gebrauch 32
▷ Zeitenfolge nach Typ 32
imagine ↗ Verb + *ing*-Form 39
indirekte Rede 36, 62
▷ Anweisungen und Bitten 35
▷ Probleme mit Entscheidungsfragen 36
informeller Stil 66
▷ Aufmerksamkeitsanreger *(attention catchers)* 67
▷ Frageanhängsel *(question tags)* 66
▷ Kurzformen *(short forms)* 66
▷ Sprachanwendungen der gesprochenen Sprache 66
▷ umgangssprachlicher Wortschatz 66
▷ Verzögerer *(hesitaters)* 67
intend ↗ Verb + Infinitiv oder Gerundium ohne Bedeutungsunterschied 38

K

keep ↗ Verb + *ing*-Form 39
Komma ↗ Zeichensetzung 70

L

lend ↗ Passiv von Verben mit zwei Objekten 29
lie ↗ Partizip Präsens nach *come, sit,...* 43
like ↗ Verb + Infinitiv oder Gerundium ohne Bedeutungsunterschied 38
↗ Verben ohne *progressive*-Form 38
listen to ↗ Partizip Präsens nach *see, watch, listen to,...* 37
love ↗ Verb + Infinitiv oder Gerundium ohne Bedeutungsunterschied 38

M

maybe
↗ *will-* und *going to*-Futur 26
miss ↗ Verb + *ing*-Form 39
modale Hilfsverben 22
Modalverb + *have* + Partizip Perfekt 45
must not, need not
↗ modale Hilfsverben 22
must/have to/need to
↗ modale Hilfsverben 22

N

notwendige und nicht notwendige Relativsätze 41
▷ notwendige Relativsätze 41
▷ nicht notwendige Relativsätze 41

P

Partizip Präsens nach *come, sit,...* 43
Partizip Präsens nach *see, watch, listen to,...* 42
Partizipstruktur statt Adverbialsatz 43
Partizipstruktur statt Relativsatz 44
▷ Verkürzung durch das Partizip Perfekt 44
▷ Verkürzung durch das Partizip Präsens 44
Passiv 28, 61
Passiv in Berichten ↗ Berichte 54
Passiv von Verben mit zwei Objekten 29
perhaps
↗ *will-* und *going to*-Futur 26
plan ↗ Verb + Infinitiv 39
possibly
↗ *will-* und *going to*-Futur 26
present progressive 60
Privatbriefe 46
▷ Form 47
▷ Sprache und Stil 47
practise ↗ Verb + *ing*-Form 39
probably
↗ *will-* und *going to*-Futur 26
promise ↗ Passiv von Verben mit zwei Objekten 29
Punkt ↗ Zeichensetzung 69

R

Referate 56
- ▷ Anwendung von visuellen Medien 56
- ▷ Hinweise und Schritte 56

refuse ↗ Verb + Infinitiv 39
remember
↗ Verb + Infinitiv oder Gerundium je nach Bedeutung 40
risk ↗ Verb + *ing*-Form 39

S

see ↗ Partizip Präsens nach *see, watch, listen to, ...* 42
↗ Verben ohne *progressive*-Form 38
send ↗ Passiv von Verben mit zwei Objekten 29
show ↗ Passiv von Verben mit zwei Objekten 29
simple present ↗ *will*-Futur und *simple present*, zukünftige Bedeutung 27
sit ↗ Partizip Präsens nach *come, sit, ...* 43
stand ↗ Partizip Präsens nach *come, sit, ...* 43
start ↗ Verb + Infinitiv oder Gerundium ohne Bedeutungsunterschied 38
Stellungnahmen ↗ Argumentative Texte und Stellungnahmen 54
Stil ↗ Einige Hinweise zum Stil 66
stop ↗ Verb + Infinitiv oder Gerundium je nach Bedeutung 40
suggest ↗ Verb + *ing*-Form 39
suppose
↗ *will*- und *going to*-Futur 26

T

tell (sagen) ↗ indirekte Rede, Aufforderungen und Bitten 35
tell ↗ Passiv von Verben mit zwei Objekten 29
think
↗ *will*- und *going to*-Futur 26
try ↗ Verb + Infinitiv oder Gerundium je nach Bedeutung 41
typische Adverbien mit *will*-Futur
↗ *will*- und *going to*-Futur 26
typische Verben mit *will*-Futur
↗ *will*- und *going to*-Futur 26

U

Übersetzung von grammatischen Strukturen 57
- ▷ indirekte Rede 62
- ▷ Gerundien, Infinitive, Partizipien und Relativsätze ohne Relativpronomen 63
- ▷ Passiv 61
- ▷ Adverbien 58
- ▷ Nomen 57
- ▷ Zeiten 59
  - ▷ *present perfect* 59
  - ▷ Verlaufsform 60
  - ▷ *going to*-Futur 61

Übersetzung von leicht verwechselbaren Wörtern 64
▷ falsche Freunde 64
▷ leicht verwechselbare Wörter 65
Übersicht der englischen Zeiten 80
▷ *Conditional 1* 83
▷ *Conditional 2* 83
▷ *future perfect* 37, 83
▷ *future progressive* 36, 82
▷ *going to-future* 27, 61, 82
▷ *past perfect progressive* 82
▷ *past perfect simple* 60, 81
▷ *past progressive* 81
▷ *present perfect progressive* 81
▷ *present perfect simple* 60, 81
▷ *present progressive* 27, 60, 80
▷ *simple past* 27, 80
▷ *simple present* 27, 80
▷ *will-future (future simple)* 27, 82
unregelmäßige Verben 72

V

Verb + Infinitiv oder Gerundium je nach Bedeutung 40
Verb + Infinitiv oder Gerundium ohne Bedeutungsunterschied 38
Verben ohne *progressive*-Form 38
visuelle Medien ↗ Referate 56

W

walk ↗ Partizip Präsens nach *come, sit, …* 43
watch ↗ Partizip Präsens nach *see, watch, listen to, …* 42
will be allowed to
↗ modale Hilfsverben 23
will-Futur
↗ *will*- und *going to*-Futur 25
↗ *will*-Futur und *simple present*, zukünftiger Bedeutung 27
will-Futur und *simple present* mit zukünftiger Bedeutung 27
will- und *going to*-Futur im Vergleich 25

Z

Zeichensetzung 69
Zusammenfassungen 51
▷ Hinweise und Schritte 52